CB127177

NACIONAL POR CRIATIVIDADE

Cleonice Ferreira de Sousa

NACIONAL POR CRIATIVIDADE

Aspectos da presença francesa na obra de Castro Alves

alameda

Grafia atualizada segundo o Acordo Ortográfico da Língua Portuguesa de 1990, que entrou em vigor no Brasil em 2009.

Edição: Haroldo Ceravolo Sereza
Projeto gráfico, diagramação e capa: Maria Beatriz de Paula Machado
Assistente acadêmica: Tamara Santos
Revisão: Alexandra Colontini
Imagem da capa: Castro Alves [Iconográfico], Garnier, M.J, Imprenta Rio de Janeiro, RJ : F.Briguiet & Cie. Editores, [189-?]; Primeira página do manuscrito da "Ode ao 2 de Julho", Revista "Bahia Illustrada", nº 8, pág. 28, julho de 1918, Mapas Brasil e França, circa 1800.]

CIP-BRASIL. CATALOGAÇÃO NA PUBLICAÇÃO
SINDICATO NACIONAL DOS EDITORES DE LIVROS, RJ

S696n

Sousa, Cleonice Ferreira de
Nacional por criatividade : aspectos da presença francesa na obra de Castro Alves / Cleonice Ferreira de Sousa. - 1. ed. - São Paulo : Alameda, 2022.
268 p. ; 21 cm.

Inclui bibliografia
ISBN 978-65-5966-106-0

1. Alves, Castro, 1847-1871 - Crítica e interpretação. 2. Literatura brasileira - Influências francesas. 3. Poesia brasileira - História e crítica. I. Título.

22-77445 CDD: 869.109
CDU: 82-1(81).09

ALAMEDA CASA EDITORIAL
Rua 13 de Maio, 353 – Bela Vista
CEP 01327-000 – São Paulo, SP
Tel. (11) 3012-2403
www.alamedaeditorial.com.br

"A poesia assimila a si todas as nuances das ideias das épocas, enroupa-se do manto da natureza, que a cerca."

Castro Alves

À Íris Beatrice, o amor que extrapolou para além de nós dois.

SUMÁRIO

PREFÁCIO

No século XIX, é fato que a literatura brasileira, em larga medida, se espelhou na francesa, cujo sistema de produção foi um dos que mais contribuíram para a expansão de temas e procedimentos de que os autores se valeram, em boa parte do mundo ocidental.

A figura mais importante, em termos de renome artístico internacional foi, sem qualquer dúvida, Victor Hugo, mas é preciso lembrar que, na sua esteira, ou paralelamente a ele, vários outros intelectuais tiveram suas ideias veiculadas de modo fundamental e operatório, frutificando em países que buscavam expressar os anseios e as dúvidas do século.

No Brasil, Castro Alves, em sua faina de poeta, teatrólogo e propagandista de ideais libertários, buscou criar, em relação ao aproveitamento das sugestões francesas, uma resposta em que têm relevo o dado brasileiro, sua experiência como cidadão e a força de sua poesia lírico-amorosa.

Cleonice Ferreira de Sousa, neste livro, examina de modo pormenorizado e frutífero como o diálogo com a produção de um Musset, Lamartine ou Eugène Sue, entre outros, – além daquele com Victor Hugo, anteriormente estudado por ela[1] – se

1 SOUSA, Cleonice F. *Projeções do Romantismo pelas asas de um condor: a presença hugoana em poemas da obra de Castro Alves.* Dissertação de

incorpora à tônica da criação da literatura nacional, aspecto importante da reflexão do autor baiano, em suas incursões críticas.

Há também outras facetas de tal presença, ou seja, personagens, fatos históricos, referências literárias e – algo de importância capital para aferirmos a ressonância do elemento francês, na cultura letrada da época, ou seja, trechos de outras línguas em tradução para o idioma de Voltaire.

O jogo escritural a envolver a epígrafe de um poema revela-se uma das chaves do percurso crítico da autora, pois em dezoito poemas encontramos aquilo que a crítica contemporânea tem mostrado à saciedade: escrever não prescinde do ato de re-escritura, na medida em que o diálogo estabelecido pelo texto poético com o gênero literário, precursores evocados ou aqueles que lhe insuflaram um ou outro elemento temático é resultado de uma leitura que vai além do dado passivo da cultura, pois revela o processo de possibilidades expansivas da fonte à qual cada autor recorre.

E ali estão articulações poéticas com elementos fortes do Romantismo, como a tônica do *gênio*, o fenômeno da *criação poética*, a paródia enquanto procedimento de recriação ou crítica ao lugar comum, demonstrando que Castro Alves logra apontar questões que vão além da poesia amorosa, na qual brilhou intensamente.

O esforço humanístico e solidário do poeta irá encontrar sua faceta mais importante e produtiva na temática da cultura democratizadora e na desolação do espetáculo degradante da produção escravista. Como exemplo, podemos ler o diálogo com

---

Mestrado. São Paulo, Faculdade de Filosofia Letras e Ciências Humanas, USP, 2011.

uma epígrafe de Pelletan, no poema "Súplica", em que a base econômica de seu país mostra seu lado mais odioso e violento.

Como se percebe, o artista sabe exercer seu mister, buscando fazer o leitor *testemunhar* em conjunto com a voz lírica, sem que a magia do verbo se perca. O espetáculo social assentado solidamente diante do público marca o compromisso do poeta com seu tempo, algo tão caro aos românticos que cultivaram a poesia social.

A autora explora, outrossim, a presença de nomes, obras, personagens ou títulos franceses, pois como ela afirma, Castro Alves "não poupou esforços para explicitar sua preferência...". A relação é grande e vai do século XVII ao XIX, evidenciando tal característica um apelo à memória literária e histórica do leitor para realizar a fusão entre o fazer poético e as possibilidades oferecidas pelo exemplo artístico alheio ou o acontecimento histórico.

É o caso do curioso poema "Os perfumes", em que figuras femininas como Diva (Alencar), Madalena (*Bíblia*), Ninon (cortesã), Margarida (Goethe), Cecília (Alencar) e Celuta (Chateaubriand) comparecem para corroborar a temática dos perfumes como acompanhantes da beleza feminina. Ao mesmo tempo, agora em tom maior, figuras do porte de Robespierre, Mirabeau, Napoleão ou acontecimentos marcantes (Revolução de 1789) revelam o grandioso da História e a marcha inevitável do dado político na vida da humanidade.

Tais constantes são analisadas com minúcia por Cleonice Ferreira de Sousa, cuja leitura apaixonada de Castro Alves (e nem por isso despida de rigor) ilumina mais uma vez a trajetória do jovem poeta, que morto aos vinte e quatro anos, realizou uma das obras de maior envergadura no romantismo brasileiro.

Além disso, o leitor vai encontrar aqui elementos a fazê-lo refletir de modo abrangente sobre temas que interessam de perto aos estudiosos da literatura brasileira, mas não apenas, pois a ampla gama de elementos propostos e analisados pela autora nos encaminha para reflexões sobre as possibilidades culturais do século XIX, entre nós.

Assim, ficam contemplados aspectos ligados à literatura comparada, naquilo que diz respeito à presença francesa, para muito além das fronteiras europeias, ou seja, sua expansão, abrangendo não apenas a riqueza das contribuições oferecidas, mas sua adequação aos reclamos intelectuais e sociais de brasileiros, aqui representados por Castro Alves.

Por isso mesmo, o livro que o leitor tem em mãos adentra o campo da recepção crítica, seus desafios e possibilidades. Se Junqueira Freire, em 1869, em seu *Elementos de Rhetorica Nacional*, afirma ser a França o farol do mundo civilizado, para nosso poeta baiano, seria necessário respeitar as "recontextualizações dos referentes emprestados", conforme assinala Cleonice, abrindo-se, desse modo, o leque de possibilidades expressivas, pela plasmação do elemento brasileiro.

Agora, é se deixar levar por essa viagem em que França e Brasil compõem um amálgama imagético, lírico e revelador das contingências e possibilidades da circulação literária.

Gilberto Pinheiro Passos
Faculdade de Filosofia, Letras e Ciências Humanas
Universidade de São Paulo

INTRODUÇÃO

(...) até que ponto uma literatura nova, como a nossa, em pleno século XIX, escaparia à força da circulação artística, cujo centro emissor seria a velha Europa?

Gilberto Pinheiro Passos (2006, p. 61).

Não é um fato novo mencionar a enorme relevância de Castro Alves para a literatura brasileira, tampouco reiterar a forte presença francesa em seus escritos. No entanto, os estudos existentes limitam-se, de modo geral, a simples apontamentos como é o caso, por exemplo, de Claudio Veiga *A presença francesa em Castro Alves*, de Jamil Almansur Haddad na *Revisão de Castro Alves*, de Jorge Amado em *O ABC de Castro Alves*. Em outros, a produção alvesiana é quase sempre alvo de julgamentos de valor acerca da suposta "imitação" do legado francês. À guisa de exemplo mencionamos as considerações de Silvio Romero, na *História da Literatura brasileira*, de Mário de Andrade, no conhecido texto "Castro Alves", presente em *Aspectos da literatura brasileira* e de Fausto Cunha, em *O Romantismo no Brasil*. Outros, que partem da análise comparativa com perspectivas peculiares como, por exemplo, "Itinerário Mussetiano na poesia de Castro Alves, de Maria Alice de Oliveria Faria, "Castro Alves: leitor de Victor Hugo. Da luta social ao Antiesclavagismo", de Amélia Maria Correia, "As noites mussetianas na lírica castroalvina", dissertação de mestrado de Marcos Vinicius Fernandes (2012), "Em busca de Castro Alves tradutor", de Alvaro Faleiros (*Literatura traduzida e liretatura Nacional,* 2008) e "Bug-Jargal Hipertextualidade e transposição de gênero no Romantismo brasileiro", dissertação de mestrado de Mateus Roman Pamboukian (2019). Nessa direção, poucas são as considerações que conduzem à possível capacidade criativa do autor brasileiro ou que focalizem o exame tendo como ponto de partida a análise textual das referências francesas.

Assim sendo, verificar qual a natureza da presença francesa por meio do estudo minucioso dos textos revela não apenas os procedimentos e os empréstimos, mas, também, diz muito a respeito das características da literatura brasileira no período.[1]

Como era conhecedor da língua de Molière, Castro Alves teve acesso, desde cedo, aos grandes escritores franceses, bem como de outras nações traduzidos para o francês. Dentre eles, teve especial lugar o poeta Victor Hugo. Em estudo anteriormente realizado,[2] fundado na análise textual de 16 poemas que interagem a obra do nosso poeta, concluímos que, não obstante os inúmeros comentários a respeito da admiração pelos escritos hugoanos, Castro Alves demonstrou sempre uma real preocupação com a criatividade individual, destacando-se por reescrever e recontextualizar as apropriações, adaptando-as à realidade brasileira. O

---

1 (...) a história da literatura comparada estimulará em cada um de nós, francês, inglês, ou alemão, a compreensão da maior parte das características nacionais de nossos grandes escritores. Nós nos constituímos somente nos opondo entre nós; e não chegamos a nos conhecer a nós mesmos quando conhecemos somente a nós mesmos" (BRUNETIERE apud NITRINI, 2006, p. 21)

2 SOUSA, Cleonice F. de. *Projeções do Romantismo pelas asas de um condor: a presença hugoana em poemas da obra de Castro Alves.* Dissertação de Mestrado –Universidade de São Paulo, Faculdade de Filosofia, Letras e Ciências Humanas, São Paulo, 2011.

diálogo com a obra e a figura hugoana foi tão intenso que, apesar dos nossos esforços para mapear e analisar as referências, há ainda um chão considerável de estudos a serem desenvolvidos, sobretudo do ponto de vista temático. Vale sublinhar, no entanto, que a dissertação "Projeções do romantismo pelas asas de um condor: a presença hugoana em poemas da obra de Castro Alves" configura o primeiro estudo de análise comparativa textual a respeito da natureza da presença hugoana nos escritos do poeta brasileiro.

O exercício de apropriar-se do outro – Victor Hugo- supunha, pelo que concluímos, um trabalho criativo de recriar e recriar-se em busca da formação do próprio projeto artístico e identitário. Foi, portanto, o homem oceano um dos componentes dos escritos alvesianos. Há, nesse sentido, uma série de desdobramentos que levam a outros escritores, fontes e referências culturais cuja relevância também merece destaque. Nesse momento, espelhar-se na França constituía uma fase necessária da nossa literatura, temos a seguinte definição para esse processo:

> A França pelo fato de cumprir, na época, um papel de país libertador, surge como porto seguro, moderno, que incorpora, depois da ascensão ao trono de Luis Felipe, os ideais da burguesia que fizera a Revolução de 1789 e a necessidade de calma, progresso e trabalho, já típicos da dominação assente e incontrastável. [...] Espelhar-se na França não era uma simples imitação subalterna, mas uma fase "necessária" para que nossa literatura alcançasse a "maioridade" (PASSOS, 2006, p. 58).

O trabalho criativo deve ser apurado, pois a produção dos artistas do período pode revelar, em grande medida, nossa forma de pensar o estrangeiro, assim como desnudar a própria imagem diante deste. A esse respeito, importa observar o argumento proposto por Gilberto Pinheiro Passos, a propósito de Machado de Assis, na prosa:

> O prisma é, portanto, o da integração entre sugestões hauridas da cultura francesa, em seu sentido mais amplo, e o fazer literário que buscava plasmar – na medida do possível- , ou seja, segundo as lições alencarianas relativas ao tamanho da sociedade fluminense, as interrelações necessárias ao desenvolvimento de uma coletividade espelhada em sugestões alheias.(PASSOS, *op.cit.,* 2000, p. 12).

São variadas as contribuições francesas: costumes, personagens, fatos históricos, referências literárias e geográficas, entre outras. Assim sendo, o ponto principal do nosso trabalho é compreender as relações entre Castro Alves e o dado francês sem, contudo, ter a pretensão de esgotar o todo da obra. Pretendemos, na verdade, oferecer uma contribuição aos estudos relativos ao diálogo entre o Brasil e a França no século XIX, mostrando o modo pelo qual o poeta das *Espumas Flutuantes* ter-se-ia apropriado do referente alheio. Sob essa perspectiva, é oportuno tecer algumas considerações de ordem histórica com o intuito de situar, não exaustivamente, o período que estabelece tal relação.

A respeito da circulação literária do período assegura-nos Mácia Abreu:

> Desde o início do século, seu interesse [do leitor brasileiro] parece muito mais voltado para as obras de origem francesa. Dentre as solicitações de licença para obtenção de livros apresentadas à censura, 40% dos romances mais referidos até 1807 foram

> originalmente escritos em francês, número que sobe para 65% entre 1808 e 1822. A referência francesa é também expressiva dentre os romances longamente anunciados no Rio de Janeiro (dos quais 90% foram originalmente escritos em francês) e dentre os mais consultados na Biblioteca Nacional (80%).
>
> A sintonia com a França é impressionante não apenas quando seconsidera a origem dos livros, mas também quando se observam os títulos pelos quais os leitores dos dois lados do Atlântico estavam interessados (ABREU, 2013, p. 20).[3]

Não é possível discorrer sobre a literatura brasileira no século XIX, período sobre o qual se centra o nosso estudo, sem mencionar a extrema importância da França para a nossa formação cultural. A exportação do elemento francês, como se sabe, ganhou maior plenitude no século XIX, porém já no final do século XVII ganha relevo com Corneille, Racine, Molière, La Fontaine, entre outros, nomes estes que também avultam das páginas castroalvinas e respondem pela expansão do gosto literário francês

Com a Revolução Francesa, os ideais libertários e revolucionários somaram-se aos literários. Nomes como os de Montesquieu, Voltaire e Rousseau transformaram a França de modelo de elegância e cultura em nação libertadora. Foi, entretanto, no século XIX que a língua francesa adquiriu o prestígio e a função de língua civilizadora. Foi, então, por intermédio das traduções francesas, por exemplo, que os brasileiros do sé-

3 A esse respeito vide LYONS. "Les best-sellers". In: CHARTIER & MARTIN. *Histoire de l'édition française.*

culo XIX leram autores clássicos da literatura mundial, como Goethe, Byron, Schiller (CANDIDO, 1977, p. 12).

A leitura de tais textos era um exercício frequente entre os diferentes grupos sociais. Todos liam a literatura francesa, trocavam entre eles livros de Balzac e principalmente de Zola, considerado como um grande escritor humanitário; gostavam de "evocar os filósofos do século XVIII (...)", chegavam mesmo a dar aos filhos nomes como Germinal (*Op. cit.*, 1977, p. 14). O hino nacional francês, por exemplo, era executado em manifestações políticas, em comícios e em reuniões operárias. Dito de outra maneira, o Brasil, recém-saído da condição de colônia, com o intuito de emancipar-se culturalmente de Portugal, projetou na França um ideal de pátria revolucionária e, em decorrência da realidade histórica vivida neste país, sua cultura respondeu a inúmeras necessidades da nossa constituição cultural.

Além disso, Portugal, entre o final do século XVII e começo do XIX, recebeu forte influência do enciclopedismo francês, sobretudo de Voltaire e Rousseau. Nesse sentido, o enciclopedismo iluminista garante à França uma imagem privilegiada. Todavia, tal imagem acentua-se por ocasião das invasões, desencadeando-se uma francofobia que vai até meados de 1820, sendo a Inglaterra o reflexo de país ideal. Porém, as migrações forçadas de Almeida Garret e Alexandre Hercularno na França, Inglaterra e Bélgica, deram a oportunidade de um contato maior com as literaturas desses países. Ademais, a instalação do regime liberal, em 1820, acorda o interesse pelos escritos de Byron, Walter Scott, Lamartine, Victor Hugo, Goethe. Em suma a metrópole passa, também, a ser campo frutífero ao francesismo.[4]

---

4 Sobre esse assunto consultar: MACHADO, Álvaro Manuel. *O "Francesismo" na literatura portuguesa*, Lisboa: ICALP, "Biblioteca Breve", 1984.

O século XIX é, sem dúvida, o período de maior contato com a cultura francesa. No entanto, o inquérito feito por Eduardo Friero, na biblioteca do Cônego Luis, um dos Conjurados da Inconfidência Mineira, registrou a imensa quantidade de livros franceses o século XVIII: "Tudo vinha da França, ou por via francesa. A hora da América era nos dada pelo meridiano de Paris"(FRIERO, s.d., p. 58).[5]

No estudo dedicado a forte presença da língua francesa em Minas gerais no século XIX, Rita Cristina Lima Lages afirma:

> A predominância de títulos diversificados, publicados em língua francesa, compondo acervos de bibliotecas públicas ou particulares, lotes comprados em leilões ou mostrando-se em anúncios de jornais, evidenciava a França como grande produtora e comerciante do conhecimento. Essa comercialização, desencadeada pelo envolvimento direto dos empreendedores da impensa no processo de difusão de todos os tipos de saberes, levou o pesquisador Peter Burke (2003, p. 145) a utilizar a expressão "o grande negócio do iluminismo". Temos, pois, que esse grande negócio e fez notar no Brasil a partir das primeiras décadas do século XIX. (2015, p. 91)

---

5 "Ici la langue française s'est introduite comme au XVIII siècle, elle s'introdusait à Saint Petersbourg, comme jadis le grec penetrait la Rome. Elle fait cette heure partie integrante de l'éducation brésilienne" (D'ASSIER, 1867, p. 263).
"Aqui a língua francesa foi introduzida como, no século XVIII, ela se introduzia em Saint Petersbourg, como outrora o grego penetrava em Roma. Ela faz, nesse momento, parte integrante da educação brasileira (Tradução Nossa).

Convém mencionar, entretanto, que o número de leitores não era abundante se considerarmos, é claro, os níveis de analfabetismo no período. Porém, há um crescimento de obras introduzidas no Brasil, bem como um crescimento de gráficas e editoras. Os livreiros franceses vislumbraram, portanto, um mercado importante a ser explorado. Há, no entanto, que se considerar, de acordo com as palavras de Silviano Santiago, que:

> Leitores afrancesados são seres sentados na escrivaninha de casa ou são consulentes numa biblioteca pública ou universitária, a ler jornais, revistas e livros estrangeiros, à luz do sol, da vela, do lampião ou do abajur. Infelizmente, a história dos afetos culturais, que nos compete narrar, tem como personagem apenas o minguado número de cidadãos letrados do Brasil colonial e monárquico (2009, p. 16).

Os textos de Castro Alves, não obstante, eram declamados em eventos acadêmicos, comemorativos e culturais. Ademais, a poesia, de um modo geral, era coisa pública, ensinada em escolas, lida em festejos populares, praticada em saraus e salões, lida em voz alto em eventos políticos, protestos de ruas. O texto "O povo ao poder", por exemplo, cujos versos perduram ainda no imaginário e na memória do povo, "A praça é do povo/ como o céu é do condor", foi declamado no dia 30 de setembro de 1866, durante um comício republicano em Recife. Nessas ocasiões estudantes, políticos e homens comuns ouviam, memorizavam e repetiam suas produções. Os mencionados versos davam voz ao escravo, aos fatos históricos, à mulher oprimida, ao herói traído, ao líder exilado, eram um grito em uníssono de todas as vozes caladas. Não por acaso Castro Alves caiu no gosto popular e o fazer poético tornou-se, inevitavelmente, fazer política também e os ideais vindos da nação de Molière casavam perfeitamente com as questões em voga no Brasil.

Em 1808, com a vinda de D. João VI para o Brasil, amplia-se o quadro. Junto com a corte chegam à sociedade brasileira hábitos de luxo, cabeleireiros, modistas, etc.

Com a abertura dos portos à entrada de estrangeiros e de produtos isso acabou por se tornar uma constante. No cenário de estreitamento de relações entre França e Brasil, D. João VI envia um emissário seu para saudar Luiz XVIII. Nesse ínterim, ilustres personalidades francesas vieram para o Brasil, como Lebreton, Debret, Montigny, Taunay e Ferrez, o que constituiu a missão artística de 1816. "Depois de 1816, o povo continuou a comprar em Londres mas a imitar Paris" (CALMON, sd, p. 292).

A expansão cultural gálica foi tão intensa que um jornal, divulgado em 1842, chegou a publicar a seguinte nota:

> Quão diverso vai o mundo
> Meu amigo que era
> Até cá por estes matos
> Outra lei p'ra tudo impera
> Pasmo de ver os matutos
> Como andam gadelhudos
> Já vestidos a francesa
> Petrimetes e barbudos
> Já largarão os cachimbos
> Trazem caixas de charutos
> Até já cortam o fracês[sic]
> Os nossos guapos matutos
> (FREYRE, 1940, p. 38).

Essa era a realidade do Rio de Janeiro e Recife, cidades portuárias, com fácil acesso às ideias vindas da Europa. Em São Paulo, a "miragem gálica" cerceava-se, sobretudo a um grupo bastante restrito, como a Faculdade de Direito. Todavia, com a fundação da Casa Garraux, em 1864, difundiu-se, de modo mais amplo, a cultura francesa nesta cidade. Tal instituição constituiu um dos principais centros difusores de livros.

Nessas condições é natural que os jovens, ligados diretamente a esse sistema, se familiarizassem com a sugestão francesa. Tornou-se um hábito conhecer a língua de Corneille, sobretudo entre as moças nos colégios de freiras ou em casa. Com esse conhecimento tivemos o consequente acesso à literatura. O comércio de livros tornou-se monopólio dos franceses. Grande parte do material relativo à cultura e ao conhecimento era em língua francesa. "A literatura francesa, e só ela no que diz respeito a filósofos, moralistas e políticos, está aí abundantemente representada" (PRADO JR., 1948, p. 376). Castro Alves, como importante nome do momento descrito, não poderia deixar de ler, conhecer e admirar os escritos franceses. Dentre estes selecionou como mais relevantes os de Hugo, sem ignorar, todavia, todos os demais nomes em voga. A obra castroalvina expressa, portanto, em diversas passagens e de muitas maneiras, essa presença. O intuito do presente trabalho foi analisar as diferentes referências, relevando semelhanças, diferenças, bem como os aspectos que conferem singularidade à obra do poeta brasileiro.

Nesse sentido, o conhecimento dos processos criativos de assimilação, além de ser um suporte no processo de compreensão da questão da autenticidade do poeta brasileiro, faz-nos enxergar a riqueza da literatura nacional por meio de um olhar que

> "(...) não tente ver em nossa produção um reflexo dos modelos metropolitanos mas que observe os mecanismos através dos quais um discurso responde criativamente a seu impacto, em sua dialética permanente de construção de cultura e sociedade, de construção de civilização" (PIZZARRO, s.d., vol 2, p 9).[6]

Desse modo, a cultura francesa tem um papel significativo na formação intelectual do Brasil no período coberto por este estudo. Sobretudo nos poetas românticos, como é o nosso caso, ela foi uma constante. Prova disso são as inúmeras epígrafes e citações variadas que aparecem nas páginas dos nossos escritores.

Tal estado de coisas no Brasil proporciona muitas reflexões, tendo em vista que no século XIX a pátria de Hugo passa por inúmeras transformações que lhe conferem ainda mais o grau de centro irradiador de cultura e de ideais revolucionários. O Brasil, como nação em formação, recentemente emancipada de Portugal, não poderia deixar de divisar a França como um modelo a ser seguido:

> Nossos jovens viam no tributo a ser consagrado à pátria de Racine um caminho de afirmação da literatura nacional. Nesse ponto, não se afastaram da linha que se seguiu, durante todo o século XIX, a literatura brasileira, ou seja, a busca de modelos literários, sobretudo franceses, para a solução de problemas nacionais. O próprio Romantismo foi buscar em Paris sua primeira inspiração. O nacionalismo e, por via de consequência, a nacionalização temática, não pôde fugir ao dado maior de cir-

6 Tradução nossa.

> culação de ideias oriundas de países europeus, entre eles a França (PASSOS, 2006, p. 59).

Pode-se afirmar, portanto, que a obra de Castro Alves constitui importante objeto de estudo pelo fato das referências aí encontradas permitirem esclarecer com precisão em que consiste a presença francesa na obra do vate brasileiro.

> Com isso já é possível indicar os elementos que integram a renovação literária designada genericamente por Romantismo- nome adequado e insubstituível, que não deve, porém levar a uma identificação integral com os movimentos europeus, de que constitui ramificação cheia de peculiaridades. Tendo-se originado de uma convergência de fatores locais e sugestões externas, é ao mesmo tempo nacional e universal. O seu interesse maior, do ponto de vista da história literária e da literatura comparada, consiste porventura na felicidade com que as sugestões externas se prestaram à estilização das tendências locais, resultando um momento harmonioso e íntegro, que ainda hoje parece a muitos o mais *brasileiro*, mais autêntico dentre os que tivemos. (CANDIDO, 1997b, p. 15).

Em *Gonzaga ou Revolução de Minas,* o personagem castroalvino Padre Carlos menciona:

> Meus senhores, nós chegamos à grande época da renegação e da liberdade. Além do Atlântico há um povo livre, grande pela força, sublime pelo pensamento, divino pela liberdade, que, através dos mares, nos estende a mão. É a *França*. A Revolução

> Francesa protege a revolução de Minas, esta é filha daquela, ou antes, ambas são filhas de Deus. Quando um povo levanta-se do cativeiro, Deus do topo dos Alpes ou do cimo dos Andes empresta-lhe uma espada, como dava as leis no cimo de Sinai. Pois bem, peçamos a este *povo irmão* auxílio e caminhemos (ALVES, 1997, p. 586).[7]

Nesse sentido, examinamos os textos selecionados com o objetivo de compreender a natureza da mencionada presença.

7 Grifo nosso.

SELEÇÃO

Segue abaixo o rol de textos selecionados:

Texto alvesiano	Tipo	Autor	Obra
"O voo do gênio"	Nome / alusão; Citação de *Dalila*, de Octave Feuillet; Personagem Eloá, de Alfred de Vigny	Molière Octave Feuillet Alfred de Vigny	*Dalila* (Feuillet); "Eloa ou la soeur des anges" (Vigny);
"A volta da Primavera"	Epígrafe/ citação	Musset	"La nuit d´Août" *Poesies Nouvelles*
"A Maciel Pinheiro"	Epígrafe/ citação	Bouchard Lamartine (alusão indireta)	"Sur son Voyage en Orient en 1833" *Recueillements poétiques* (Lamartine)
"Adormecida"	Epígrafe/ citação	Musset	"Rolla"
"Murmúrios da Tarde"	Epígrafe/ citação	Musset	"Nuit de Mai" *Poésies Nouvelles*
"Pelas Sombras"	Epígrafe/ citação	La Morvonnais	Poésie"(Pertubation) *Oeuvres Choisis*
"Uma página de escola realista"	Epígrafe/ citação Personagem Jacques Rolla	Musset	"Rolla"
"Coup d´etrier"	Autor/ alusão	Musset	
"Boa-noite"	Personagem/ alusão Consuelo	George Sand	*Consuelo*

"Quem dá aos pobres empresta a Deus"	Poema/ Alusão	Victor Hugo	"Pour les pauvres" *Les feuilles d'automne*
"Os perfumes"	Personagem Celuta/ alusão	Chateaubriand	*Les Natchez*
"No meeting comitê du pain"	Autor/ alusão	Rousseau	
"Adeus"	Epígrafe/ citação	Musset	"Nuit d´octobre" *Poésies Nouvelles*
"Em que pensas"	Epígrafe/ citação	Musset	"À Pépa" *Prémières Poésies*
"Menina moça"	Personagem Graziela/ Alusão	Lamartine	*Graziela*
"Súplica"	Epígrafe/ citação	Pelletan	*Adresse au Roi Coton*
"Bandido Negro"	Epígrafe	Eugène Sue	"Canto dos filhos de Agar"
"O derradeiro amor de Byron"	Epígrafe/ citação	Musset	"À la Malibran" *Poésies Nouvelles*
"Polêmica"	Autor/ alusão Personagem Ahasvérus de Quinet	La Fontaine Edgard Quinet Gautier	
"Impressões teatro"	Autor/ alusão Personagem Ruy Blas, de Hugo; Personagem Phèdre, de Racine	Victor Hugo Vigny Octave Feuillet Pelletan Dumas Filho Racine	*Ruy Blas*; *Phèdre;*
"O eco"	Personagens/ alusão Marion de Lorme, Didier e Claudio Frollo	Victor Hugo	*Marion de Lorme; Notre Dame de Paris.*

"Impressões de leitura da poesia do Sr. A. A. Mendonça"	Autor/ alusão	Chateaubriand Villemain Lamartine Dumas Barthélemy Hugo	
"Poeta"	Citação/ epígrafe	Lamartine	"La prière", *Méditations poétiques*
Notas de "Ao dous de Julho"	Citação/ obra	Corneille	*Le Cid*
"Crônica jornalística"	Autor/ alusão	Dumas Hugo	
"Carta às Senhoras baianas"	Alusão/ autor	George Sand Mme Staël	

Do quadro acima exposto, pode-se aferir a grande presença da cultura francesa na obra do poeta brasileiro. Se considerarmos ainda a não literária, encontraremos uso de expressões como "paresseuse", "toilettes", "grisette", "Pierrot", "enragés", "bouquet", "girondino"; menção a autores de outras áreas do conhecimento tais como Desobry e Bachelet, Garraux, personagens e datas históricas como Labatut, Napoleão, Oitenta e Nove, Robespierre, Danton, Mirabeau, Vergniaud.

A língua francesa foi, também, para o nosso poeta, a ponte de acesso para escritores de outras nacionalidades. Prova disso são as inúmeras epígrafes ou frontispícios de obras transcritas nesta língua:

"Boa- noite"

Veux-tu donc partir? Le jour est encore éloigné;
C'était le rossignol et non pas l'alouette
Dont le chant a frappé ton oreille inquiète;
Il chante la nuit sur les branches de ce grenadier,
Crois-moi, cher ami, c'était le rossignol
Romeu e Julieta, de Shakespeare (ALVES, 1997. p. 122).[1]

Os Escravos (frontispício)

Des fleurs, des fleurs! Je veux en couronner ma tête pour le combat. La lyre aussi, donnez-moi la lyre, pour que j'entonne un chant de guerre... Des paroles comme des étoiles flamboyantes, qui en tombant, incendient les palais et éclairent les cabanes ... Des paroles comme des dards brillants qui pénètrent jusqu'au septième ciel, et frappent l'imposture qui s'est glissé dans le sanctuaire des sanctuaires... je suis tout joie, tout enthousiasme, je suis l'épée, je suis la flamme!... *De l'Allemagne,* de Henri Heine (ALVES, *op. cit.,* p. 209).[2]

---

1 Então você quer ir? O dia ainda está longe;
Foi o rouxinol e não a cotovia
Cuja canção atingiu seu ouvido preocupado;
Ele canta à noite nos galhos desta árvore de romã,
Acredite em mim, querido amigo, era o rouxinol " (Tradução nossa)

2 Flores, flores! Quero coroar minha cabeça com isso para o combate. A lira também, dá-me a lira, para que eu possa cantar uma canção de guerra ... Palavras como estrelas flamejantes que, caindo, incendiam os palácios e iluminam as cabanas ... Palavras como dardos brilhantes que penetram até o sétimo céu, e golpeiam a impostura que escorregou no santuário dos santuários ... Eu sou toda alegria, todo entusiasmo, eu sou a espada, eu sou a chama! (Tradução nossa)

"A visão dos mortos"

(...) on rapporte encore qu'un Berger ayant été introduit une fois par un nain dans le Hyfhaese, L'empereur (Barberousse) se leva et lui demanda si les corbeaux volaient encore autour de la Montaigne. Et, sur la réponse affirmative du Berger, il s'écria en soupirant: "Il faut donc que je dors encore pendant cent ans"! *De l'Allemagne*, de Henri Heine (ALVES, *op. cit.*, p. 218).[3]

"A mãe do cativo"

Le Christ à Nazareth, aux jours de son enfance Jouait avec la croix, symbole de sa mort; Mère du polonais! Qu'il apprenne d'avance A combattre et braver les outrages du Sort.

Qu'il couve dans son sein sa colère et sa joie; Que ses discours prudent distillent le venin, Comme un abîme obscur que son coeur se reploie:

A terre, à deux genoux qu'il rampe comme un nain. Mère polonaise, *Souvenirs de la Pologne*, de Mickiewicz (ALVES, *op. cit.*, p. 264).[4]

---

3 Conta-se que um pastor foi introduzido uma vez por um anão em Hyfhaese, o imperador (Barberousse) levantou-se e perguntou-lhe se os corvos ainda voavam em torno da montanha. E, na resposta afirmativa do Pastor, ele exclamou com um suspiro: "Devo, portanto, dormir cem anos"! (Tradução nossa)

4 Cristo em Nazaré, nos dias de sua infância
Brincava com a cruz, símbolo de sua morte;
Mãe do polonês! Que ele aprenda com antecedência
A lutar e enfrentar os ultrajes do Destino.
Que ele medite em seu seio sua raiva e sua alegria;
Que seu discurso prudente destile veneno,
Como um abismo escuro que seu coração dobra:
No chão, ajoelhado, ele rasteja como se fosse um anão (Tradução nossa)

"Prometeu"

O mon Auguste mère, et vous enveloppe de la commune lumière, divin éther, voyez quels injustes tourments on me fait souffrir. Qui compatit à cette grande souffrance, qui s'approche du rocher désert ou se tord Prométhée? Quelques pauvres filles, pieds nus. Prometeu acorrentado, de Esquilo (ALVES, *op. cit.*, p. 288).[5]

A cachoeira de Paulo Afonso (frontispício)

Je ne sais vraiment si j'aurai mérité qu'on dépose un jour un laurier sur mon cercueil. La poésie, quel que soit mon amour pour elle, n'a toujours été pour moi qu'un moyen consacré pour un but Saint. Je n'a jamais attaché un trop grand prix à la gloire de mes poèmes , et peu m'importe qu'on les loue, ou qu' on les blâme. Mais ce sera un glaive, que vous devez placer sur ma tombe, car j'ai été un brave soldat dans la guerre de délivrance de l'humanité" *Reisebilder*, de Henri Heine (ALVES, *op. cit.*, p.310).[6]

Partindo do fato de que a obra de Castro Alves reuniu a presença de um grupo bastante heterogêneo de escritores france-

---

5 Ó minha Augusta mãe, envolva-te na luz comum, éter divino, vê que tormentos injustos tenho sofrido. Quem simpatiza com este grande sofrimento, que se aproxima da rocha deserta onde torce Prometeu? Algumas pobres meninas, descalças (Tradução nossa)

6 Eu realmente não sei se eu teria merecido ter um louro colocado no meu caixão um dia. A poesia, por mais que eu a ame, sempre foi para mim apenas um meio consagrado para um propósito sagrado. Nunca dei muito valor à glória de meus poemas, e não me importo se os elogiem ou se os culpem. Mas é uma espada, que vocês devem colocar em meu túmulo, pois fui um bravo soldado na guerra pela libertação da humanidade (Tradução nossa)

ses, pretendemos perscrutar e entender como tal heterogeneidade se configura, pois,

> A assinatura, a singularidade dos nomes é uma ilusão moderna que encobre o fato de que cada autor é muitos autores e que aquilo que constitui a literatura é muito mais a cadeia de repetições e a sucessão de formas impessoais do que o eco repercutindo nomes próprios.
> Escrever é perder o poder de dizer "eu". Virar autor, *auctor,* é propriamente dispor-se a servir as palavras, acrescer (*augere*) seu império (SCHNEIDER, 1990, p. 73)

É preciso salientar ainda que o objetivo se coadunou à elaboração de uma análise capaz de privilegiar o entendimento da obra tanto como fruto das experiências e expectativas do seu tempo quanto como mecanismo capaz de engendrar e difundir uma determinada leitura de mundo.

Nessa direção, José Veríssimo, em *História da Literatura brasileira* pondera:

> E na procura das últimas fontes do mesmo veio, poderíamos acaso remontar ao *Napoleão em Waterloo*, de Magalhães, a certos poemas de José Bonifácio, o Moço, e a outras anteriores amostras da nossa facúndia poética. Está no nosso temperamento, e o condoreirismo não era uma novidade na nossa poesia, mas apenas o exagero, sob a influência do entusiasmo patriótico do momento e da retórica hugoana, desse defeito do nosso estro poético (VERÍSSIMO, 1998, p. 314).

Como este estudo tem o seu enredo ditado pela análise de textos de Castro Alves que carregam consigo a presença francesa, consideramos pertinente selecionar como ponto de partida para a compreensão dos problemas relacionados a essa questão a apreciação do desenvolvimento, *en passant*, da noção de intertextualidade. Para tanto, selecionamos dentre os estudiosos os que julgamos mais relevantes.

O termo intertextualidade[7] foi criado por Julia Kristeva, em 1967, num artigo consagrado a Bakhtin.[8] Nele a autora procura estabelecer comparações entre o dialogismo e a intertextualidade. Segundo a teoria bakhtiniana, o texto se constrói polifonicamente, isto é, ele compõe-se de várias vozes que se entrecruzam.

Para Kristeva a "palavra literária" é legatária de um diálogo de diversas escrituras e, nesse sentido, o estudo do intertexto não se reduz à busca por fontes ou influências. Constitui antes um meio pelo qual se edifica uma transformação. Por essa razão, a autora preferiu adotar, posteriormente, o termo *transposition* temendo que o primeiro termo "intertextualidade" - apenas substituísse a noção de fontes. Assim, se a intertextualidade permite uma releitura e uma reinvenção, o sentido não se encontra na imanência do texto, mas no produto de uma interação. O exame desta configura, portanto, a pedra de toque dos estudos intertextuais. Sob essa questão, sublinha Sophie Rabau:

---

7 (...) todo texto se constrói como um mosaico de citações, todo texto é absorção e transformação de um outro texto. Em lugar da noção de intersubjetividade, instala-se a de intertextualidade e a linguagem poética lê-se pelo menos como dupla. (KRISTEVA, 1974, p. 74).

8 A saber, "Bakhitine, le mot, le dialogue et le roman". In: *Semeiotikhe: recherches pour une sémanalyse.* Paris: Seuil, 1969.

> Estudar o que o texto faz com outros textos, como os transforma, assimila ou dispersa, e não como os textos que os precedem podem permitir explicar, ou mesmo datar um texto, estudar como Baudelaire se reapropria da Bíblia e não como a Bíblia explica Baudelaire, é assim que poderíamos definir uma poética da intertextualidade (2002, p. 16).[9]

Roland Barthes, algum tempo depois, define a intertextualidade do seguinte modo:

> A intertextualidade, condição de qualquer texto, seja ele qual for, obviamente não pode ser reduzida a um problema de fontes ou influências; o intertexto é um campo geral de fórmulas anônimas, cuja origem raramente é identificável, citações inconscientes ou automáticas, fornecidas sem aspas (BARTHES Apud GIGNOUX, 2005, p. 25).[10]

Segundo o escritor francês, como a intertextualidade é "condição de todo texto", não é o autor que é influenciado por

9 Étudier ce que le texte fait des autres textes, comment il les transforme, les assimile, ou les disperse, et non pas en quoi les textes qui les précèdent peuvent permettre d´expliquer, ou encore de dater un texte, étudier en quoi Baudelaire se réapproprie la Bible et non comment la Bible explique Baudelaire, voilà comment on pourrait definir une poétique de l´intertextualité (2002, p. 16)

10 l´intertextualité, condition de tout texte, quel qu´il soit, ne se réduit évidemment pas à un problème de sources ou d´influences; l´intertexte est un champ général de formules anonymes, dont l´origine est rarement repérable, des citations inconscientes ou automatiques, donnés sans guillemets (GIGNOUX, 2005, p. 25).

outros, mas o próprio texto que transforma outros em um "devenir constant du texte".

Em *La stratégie de la forme* Laurent Jenny propõe uma reflexão acerca da intertextualidade, qual seja:

> Distinguir-se-á este fenômeno da presença num texto de uma simples alusão ou reminiscência, ou seja, cada vez em que há um empréstimo de uma unidade textual abstraída do seu contexto e inserida como tal em um novo sintagma textual, a título de elemento pragmático (1976, p. 257).[11]

Traçado esse pequeno panorama, cumpre observar que os desdobramentos da noção de intertextualidade podem colocar em evidência a presença francesa na produção artística de Castro Alves, uma vez que o seu cerne se focaliza na transformação, na adaptação e na nova função de que uma referência pode se vestir em razão de um novo texto e de uma nova realidade. Em outras palavras, as teorias referentes ao possível diálogo existente entre textos são importantes ferramentas na medida em que permitem elucidar as razões, os procedimentos e a natureza do diálogo. Todavia, é importante destacar que o presente estudo não se limita apenas a esse tipo de análise, tendo em vista que algumas alusões e dados culturais reiterados não configuram propriamente um texto. Nesse sentido, seguiremos duas vertentes: o intertexto ligado ao estudo textual e, também, a pesquisa ligada à história cultural e literária.

---

11 On distinguera ce phénomène de la présence dans un texte d´une simple allusion ou réminiscence, c´est-à-dire chaque fois qu´il y a emprunt d´une unité textuelle abstraite de son contexte et inserée telle quelle dans un nouveau syntagme textuel, à titre d´élément pragmatique (1976, p. 257).

É possível, portanto, com base nesses argumentos, sustentar que, partindo da noção de que "novas obras (entre as quais aquelas que recebem o status de 'obra-prima modernas', clássicos modernos) são adicionadas ao corpus letrado; mas sobretudo mudam seu significado e escopo" (SCHLANGER, 1992, p. 84),[12] o estudo da presença francesa em Castro Alves pode oferecer uma amostra particular acerca de como as produções artístico-culturais da França e Brasil, no recorte temporal deste estudo, dialogavam e interferiam no quadro mais amplo das estruturas erigidas pelas estéticas vigentes nessas nações, contribuindo para explicitar o modo pelo qual viabilizaram-se as possíveis transformações. Partiremos, então, do princípio de que

> Um mesmo elemento tem funções diferentes em um sistema diferente, o que nos leva a pensar que um elemento, retirado de seu contexto original para integrar outro contexto, já não pode ser considerado idêntico. A sua inserção em novo sistema altera sua própria natureza, pois aí exerce outra função (TYNIANOV, 1971, p. 101).

Isto posto, propomo-nos a uma breve descrição da presente obra. Dividida em quatro capítulos, apresentaremos inicialmente uma breve discussão a respeito do perfil de Castro Alves, ou seja, para se compreender qual a natureza da presença francesa na obra do escritor das *Espumas Flutuantes* é preciso, primeiramente, entender as peculiaridades do projeto artístico

---

12 Les nouvelles oeuvres (et parmi elles, celles qui reçoivent le statut de chefs-d´oeuvre modernes, de classiques modernes) s´ajoutent au corpus lettré; mais surtout, elles changent sa signification et sa portée (SCHLANGER, 1992, p. 84, tradução nossa)

do poeta baiano e, num segundo momento, relacioná-las ao constante apelo à nação de Victor Hugo. No segundo capítulo, partiremos para os procedimentos textuais efetivados, particularmente, às epígrafes. Para tanto, selecionamos onze poemas.

O terceiro capítulo, cujo corpus é composto de sete poemas, elenca referências literárias como nome, obra, personagens e etc. Finalmente, no último capítulo, traremos à baila, por meio de oito textos em prosa, a leitura que nosso poeta fazia do movimento romântico e, ademais, a maneira como esta direcionou seu processo de criação.

"PERFIL DE CASTRO ALVES"

É curioso como quase um século e meio após sua morte Castro Alves, poeta de tão efêmera vida, ainda seja fonte de estudos acadêmicos. Nosso bardo apresenta uma fortuna crítica muito rica e, principalmente, controversa. Existem os que o consideram "(...) um grande poeta, quiçá o maior do romantismo (...)" (CANDIDO, 1997b, p. 246) e outros que lamentam: "(...) Mas, nesse sentido, sempre é certo que ele [Castro Alves] permanece até agora a imagem mais possível da mentalidade nacional. O que é uma pena para a mentalidade nacional" (ANDRADE, 1972, p. 123). É certo, contudo, que, apesar da pouca idade, a obra do vate baiano suscitou e continua suscitando um leque considerável de análises críticas bem diversas entre si. Assim sendo, para a compreensão da presença francesa na obra castroalvina é importante que se conheça ou que se procure conhecer quem de fato foi Castro Alves. Em nosso caso particular, é preciso apreender qual o viés da presença francesa em sua obra.

Desse modo, dada a enorme bibliografia a seu respeito, as informações abaixo delineadas têm o fito de expor, de maneira sucinta, a estreita relação do nosso poeta com a cultura francesa.

O contato com a língua francesa iniciou-se cedo. Dona Clélia Brasília da Silva Castro, mãe de Castro Alves, executava para ele cantigas de Béranger:

> Aqui vejo-te ainda, ó minha querida
> À noite murmurando co'a voz de amor ungida-
> Do velho Béranger uma velha balada,
> Que eu escutava atento, enquanto que embalada,
> Minha irmã pequenina adormecia rindo,
> Sonhando com os arcanjos e com teu rosto lindo.
> (ALVES, 1997, p. 812).[1]

Sua mãe, bem educada e de família nobre, iniciou, por assim dizer, o gosto pela palavra francesa. Seu pai, o Dr. Antonio José Alves[2] médico formado, passou uma temporada em Paris, estudando com o importante cirurgião Malgaigne. Nesse período, ele escreveu para a noiva, dona Clélia, enviando-lhe músicas. Vê-se, claramente, que o ambiente familiar de seus primeiros anos facilitou o acesso ao mundo cultural gálico. Ao iniciar seus estudos, com onze anos, em 1858, no Ginásio Baiano, nosso poeta teve contato com o livro *Petit Cours de Littérature Française*, de Charles André. De acordo com Claudio Veiga (1986, p. 146), aparecem na obra nomes que despontarão, mais tarde, na poesia alvesiana, tais como Chateaubriand, Rousseau, Mme Staël, Villemain, Volney, Béranger, Chénier, Corneille, Hugo, La Fontaine, Lamartine, Molière, Racine, Vigny. Sobre esse período narra Calmon:

---

1 Trecho não publicado.

2 Dono de uma biblioteca considerada excelente, foi o principal responsável pela criação da Sociedade de Belas Artes e figurou entre os fundadores do Instituto geográfico e Histórico da Bahia e do Grêmio Literário. Era reconhecido, portanto, pela elite intelectual da província como um dos seus, pois seria nessas entidades que ajudou a conceber que se desenvolveria grande parte de da vida cultural de Salvador. Nelas reuniam-se os homens de saber e de bom gosto, para comentar suas leituras, revelar suas descobertas, trocar experiências e ser admirados pelo resto da cidade" (SILVA, 2008, p. 13).

> Castro Alves já destacava-se dos demais, com uma sensibilidade especial, de quem se adivinhasse, e ao seu destino. Criança à parte, dir-se-ia amassada de outro barro, diverso do comum dos mortais; de modo que já se fazia poeta quando ainda seus companheiros de classe, do seu tamanho, pássaros soltos, apedrejavam os laranjas do Ginásio Baiano (CALMON, 1935, p. 31).

O Ginásio baiano, então, inseriu-o num mundo cultural de poesias, saraus e músicas que o seduziria inevitavelmente. "Castro Alves, que já maneja bem o francês, traduz toda a poesia de Victor Hugo e faz por sua conta os primeiros versos"(RIBEIRO NETO, 1972, p. XII).[3] Assim, em 1860, com apenas 13 anos, o vate brasileiro começa sua produção poética.[4]

Quando o escritor das *Espumas Flutuantes,* com apenas 16 anos, viu pela primeira vez sua futura amante, Eugênia Câmara, então com 26 anos, ela era a estrela da peça *Dalila*, de Octave Feuillet. O entusiasmo com a atriz foi tão grande que nosso poeta escreve "Impressões de teatro", reclamando à atriz a atribuição de papéis importantes, como o de Margarida na peça *O Romance dum moço pobre*, de Octave Feuillet. Ele estava, portanto, totalmente imerso na vaga francesa do período. Até mesmo o acesso a outros escritores de renome, tais como

---

3 Na verdade, são cerca de quatro poesias.

4 (..) ainda criança, no 'outeiro' do Ginásio Baiano, Castro Alves, através de uns versos cívicos, já mostrava que a escravidão era incompatível com o Brasil. Pouco tempo depois, estudante no Recife, entre as suas primeiras aventuras amorosas, revela-se um arrebatado idealista, decidido à luta (GOMES, 1960, p. 6).

Shakespeare, Henri Heine, dentre outros, estabeleceu-se por intermédio da língua francesa.[5]

Em 1865, estudante de direito, nosso poeta conquista toda a faculdade recitando "O Século", um dos seus poemas mais conhecidos, que, além de apresentar um excerto de Napoleão, traz uma epígrafe francesa:

> Soldados, do alto daquelas pirâmides
> Quarenta séculos vos contemplam!
> NAPOLEÃO
>
> O Século é grande e forte
> VICTOR HUGO

O poema foi recitado por ocasião da abertura dos cursos jurídicos na Faculdade de Direito. Como o contexto brasileiro correspondia ao da Guerra do Paraguai, nosso poeta incita os jovens à luta. Esses jovens eram capazes de compreender as citações feitas pelo poeta. Não por acaso ele se refere a Hugo, vítima do exílio, poeta defensor da igualdade. Porém retrabalha os excertos a serviço de seu discurso.

> (...) a 11 de agosto, na festa tradicional da Faculdade, a roupa preta de luto do irmão (...) Castro Alves, ante a assistência extasiada, declama o poema "O

5 A língua francesa era uma importante ponte de acesso aos mais diferentes tipos de textos, inclusive os de língua inglesa: "Esta livraria [Garnier] era importante para leitores do tipo de Castro Alves que provavelmente não sabiam inglês, um poeta capaz de colocar uma epígrafe de Shakespeare em... francês. Já em Álvares de Azevedo, as citações poderiam ser na língua original; o byronismo de Castro Alves, em vez de ser haurido diretamente na fonte como foi o caso do poeta paulistano, chegava-lhe depois de numerosas refrações" (HADDAD, 1953, p. 17, 3v).

> Século", de estrofes hugoanas, de desusada violência, sintetizando toda a tragédia do mundo e iniciando na poesia e no pensamento da mocidade brasileira uma nova fase de entusiasmo e de pregação, a revelar a derrocada dos males da época, do romantismo doentio e macabro, da noite de todas as escravidões, e a prever a salvação do mundo naufragado... (RIBEIRO NETO, 1972, p. XIV)

Dois anos depois, em 1867, Castro Alves escreve, na Bahia, "Sub Tegmine Fagi", que carrega uma epígrafe de Mickiewikcz em língua francesa. Ademais, cumpre mencionar a alusão ao nome de Victor Hugo:

> Irei contigo pelos ermos lento,
> Cismando, ao por do sol, num pensamento
> Do nosso velho Hugo,
> — Mestre do mundo! Sol da eternidade!...
> Para ter por planeta a humanidade,
> Deus num *cerro o fixou.* (ALVES,1997, p. 100).

Dois anos depois, em 1869, são publicadas as *Lamartineanas*, antologia de poesias de Lamartine, tendo, nosso poeta colaborado com as traduções.

Essa inegável interação com a língua de Molière é unanimemente apontada por inúmeros estudiosos. Cláudio Veiga, por exemplo, no texto "A presença francesa em Castro Alves", assevera:

> (...) Não é pequena a presença da França em Castro Alves. Se pretende visitar a cachoeira de Paulo Afonso, compara-se com Chateaubriand que visitou o Niágara; despedindo-se de Eugênia Câmara,

> cita versos em que Musset lembra seu rompimento com George Sand, Consuelo; e curiosamente, ao enaltecer a Maciel Pinheiro que partia para lutar no Paraguai, diz que seu amigo no fogo do combate entoará a Marselhesa. Na mitologia de Castro Alves, a civilização francesa ocupa um lugar de destaque, vindo frequentemente à tona, em suas páginas, a imagem da França, de sua geografia, de sua história e, sobretudo, de sua literatura (VEIGA, 1986, p. 144).

As considerações de Veiga oferecem um estudo de inquestionável importância para a apreensão da abrangência da presença francesa em Castro Alves. Porém, seu exame não configura uma análise textual. Nesse sentido, embora sejam esclarecidas as razões que conduzem a essa presença e mencionado o rol de nomes franceses na obra alvesiana, não é possível compreender em que consiste a relevância da mesma. Em outras palavras, a função de cada referente no corpo do poema castroalvino não é alvo de observação e análise sistemáticas. Desse modo, nosso trabalho dirige-se diretamente ao trato com esse questionamento.

Antonio Candido, em "Poesia e oratória em Castro Alves", assegura que Castro Alves "É portanto, um grande poeta, talvez o maior do romantismo, e deve haver explicação para a coexistência, nele, de voos tão belos e decaídas tão frequentes-como se observa também na obra do seu mestre Victor Hugo" (CANDIDO, 1997b, p. 246). Na verdade, nosso escritor serviu-se de Hugo em favor do seu discurso. Desse modo, o escritor francês não foi, portanto, apenas o seu "mestre", mas, sobretudo um aspecto a mais de sua produção. De acordo com Antonio Candido,

(...) encontramos pela primeira vez, na poesia romântica, uma obra onde a dor não se traduz em lamúria, onde não há lubricidade nem devaneio etéreo dissociando a integridade da paixão, que parece plena em "Boa-noite", "Aves de arribação", "Os perfumes". O seu sentimentalismo amoroso percorre a gama completa da carne e do espírito; é adulto, numa palavra, como o de Victor Hugo, a quem prendiam-no afinidades profundas, não mera influência literária (CANDIDO, *op. cit.*, p. 251).

A dita afinidade também é acenada por José de Alencar em correspondência a Machado de Assis, por ocasião da leitura do drama castroalvino *Gonzaga ou Revolução de Minas*:

O Sr. Castro Alves é um discípulo de Vitor Hugo, na arquitetura do drama, como no colorido da ideia. O poema pertence a mesma escola do ideal; o estilo tem os mesmos toques brilhantes Imitar Hugo só é dado às inteligências de primor. (Apud ALVES, 1997, p. 791).

Machado de Assis, por seu turno, assim responde:

Não podiam ser melhores as impressões. Achei na magnificência do presente as promessas do futuro. Achei um poeta original. O mal de nossa poesia contemporânea é ser copista- no dizer, nas ideias, nas imagens. Copiá-las é anular-se. A musa do Sr. Castro Alves tem feição própria. Se se adivinha que a sua escola é a de Victor Hugo, não é porque o copie servilmente, mas porque uma índole irmã levou-o a preferir o poeta das *Orientais* ao poeta das

> *Meditações*. Não lhe aprazem certamente as tintas brancas e desmaiadas da elegia; quer antes as cores vivas e os traços vigorosos da ode – Como o poeta que tomou por mestre, o Sr. Castro Alves canta simultaneamente o que é grande e o que é delicado, mas com igual inspiração e método idêntico: a pompa das figuras a sonoridade do vocábulo, uma forma esculpida com a arte, sentindo-se por baixo desses lavores o estro, a espontaneidade, o ímpeto. Não é raro andarem separadas estas duas qualidades da poesia: a forma e o estro. Os verdadeiros poetas são os que tem ambas. Vê-se que o Sr. Castro Alves as possui; veste as ideias com roupas finas e trabalhadas. (*Apud* ALVES, *op. cit.*, p. 795).

Castro Alves sentia um imenso fascínio pela arte dramática e, no período, o teatro representava o centro da vida social de grandes cidades como Recife. As pessoas iam às apresentações para verem e serem vistas e, na maioria das vezes, no palco ou em um dos camarotes, alguns estudantes e intelectuais recitavam versos. Nosso poeta percebeu então a importância da proximidade com o público e decidiu trazer a lume o seu drama *Gonzaga*. Após o êxito das apresentações, da aceitação geral e da boa crítica por parte de importantes intelectuais como Machado de Assis e José de Alencar, nosso escritor começou a produzir sua segunda peça *Don Juan ou a prole dos Saturnos,* da qual nos restam apenas as cenas iniciais. No entanto, alguns intelectuais não viam com bons olhos a intimidade que nosso poeta tinha com os escritos franceses:

> Essa mistura de poesia e oratória, onde tudo se resolve através de exclamações, apóstrofes, antí-

> teses, elipses e rimas agudas nada tem de comum com a linguagem pura e opulenta do gênio das *Contemplations;* são antes, na verdade, sobras espúrias de Castro Alves (CUNHA, 1971, p. 21).

A assertiva do escritor revela claramente seu ponto de vista no que se refere à produção artística alvesiana. O crítico afirma em várias passagens, de modo contundente, sua opinião:

> A eventual contradição latente nesse duplo aspecto não deve suprender-nos numa obra como a castroalvina, onde as contradições são numerosas.
> Não foi Castro Alves, como se tem dito, um fenômeno à parte em nossa literatura, nem desligado de antecedentes e ambientes, conforme acreditava Euclides da Cunha (CUNHA, *op.cit.*, p. 26).

Para o escritor houve um exagero por parte de alguns críticos na descrição do poeta baiano. Por essa razão, ele insinua a importância de distinguir em sua obra o que é "resíduo" e o que é "fermento". Tais questionamentos resultam, em grande parte, da concepção segundo a qual,

> O Romantismo, tentando ofecer-nos uma poesia nacional, autêntica e autônoma, incorra de mais a mais na dependência europeia. Deixando de lado o provincianismo e a falta de inspiração própria, há outra explicação: a consciência de nação de nação em pé de igualdade. Essa consciência, um pouco temerária, permitia inclusive o comércio idiomático, a penetração nos problemas universais. Pedro de Calasans sentir-se-ia perfeitamente à vontade para descrever os ambientes burgueses da

> Alemanha; Tobias para debater as altas questões do Pensamento; Castro Alves, para se justapor a Hugo (CUNHA, *op. cit,* 1971, p. 18).

Desse modo, Fausto Cunha considera original a produção baseada no provincianismo, ligada, portanto, aos temas nacionais. Todavia, o que seria preciso considerar, de fato, é que a "dependência europeia", da qual, aliás, nunca poderíamos nos desvencilhar, por razões históricas, não anulava a possibilidade de criar uma poesia nacional autêntica.[6]

No segmento dessas questões Silvio Romero afirma:

> A história do Brasil, como deve ser hoje compreendida, não é, conforme se julgava antigamente e era repetida pelos entusiastas lusos, a história exclusiva dos portugueses na América. Não é também, como quis de passagem supor o romanticismo, a história dos tupis, ou, segundo o sonho de alguns representantes do africanismo entre nós, a dos negros em o Novo Mundo. É antes a história da formação de um tipo novo pela ação de cinco fatores, formação sextiária, em que predomina a mestiçagem. Todo brasileiro é um mestiço, quando não no sangue, nas ideias. Os operários deste fato inicial tem sido: o negro, o índio, o meio físico e a imitação estrangeira (1943, p.39).

Silvio Romero, como se sabe, foi admirador de Tobias Barreto, poeta com o qual Castro Alves trocou muito desaforos e teve grandes intrigas. Tobias viveu ainda 18 anos mais que o

6 Convém mencionar que discordamos da noção de dependência europeia empregada pelo crítico. Desse modo, o uso das aspas se justifica, tendo em vista que os termos foram retirados da obra de Fausto Cunha.

poeta dos escravos. Germanista árduo passou a vida criticando a influência francesa. Suas ideias renderam alguns discípulos, dentre os quais Silvio Romero, que sempre defendeu a primazia da poesia barretiana em detrimento da castroalvina, a qual estaria, segundo ele, fadada ao esquecimento.

Não foi, entretanto, o que ocorreu. Ao longo dos anos o poeta foi alvo de muitas considerações. A maioria delas, aliás, muito positivas. No que se refere à indiscutível presença francesa em sua obra, fonte principal das críticas, muitas assertivas, como as de Fausto Cunha, por exemplo, reclamariam uma análise textual mais precisa, pois, como se verá mais adiante, o próprio poeta explicita em algumas passagens em prosa sua opinião a respeito do plágio. Nesse sentido, a suposta falta de originalidade injustificaria o trabalho efetuado com os referentes estrangeiros.

Afrânio Peixoto em *Castro Alves: o poeta e o poema* afiança exatamente o contrário:

> (...) entre os maiores elogios que tem Castro Alves merecido, está certamente este: foi um poeta brasileiro! [...] Daí a sua originalidade: no Brasil não quis ser grego, latino, francês ou lusitano – foi brasileiro (PEIXOTO, 1976, p. 174).

Mesmo sendo conhecedor dos vastos diálogos da obra do poeta brasileiro, o crítico parece não enxergar nisso um problema para o que chama de "originalidade". De modo contrário, reitera a brasilidade do mesmo. Agripino Grieco assim também o fez, ressaltando que bardo brasileiro "não compôs a sua originalidade imitando meio mundo" (GRIECO, 1932, p. 53).

Sob esse mesmo viés, Eça de Queirós ressaltou a relevância de dois versos de "Aves de Arribação", a saber, "Às vezes quando o sol nas matas virgens, A fogueira as tardes acendia, asseverando: Ahi está, em dois versos, toda a poesia dos trópicos"(*Apud* PEIXOTO, 1976, p. 107).

Não obstante as linhas acima delineadas, é preciso reconhecer que, de fato, alguns escritores exageram no relevo dado à figura alvesiana. Este é o caso, por exemplo, de Jorge Amado, em *ABC de Castro Alves*. Trata-se de uma biografia romanceada do autor, por meio da qual o biógrafo mantém um diálogo com uma leitora que recebe a alcunha de "amiga":

> Desta cidade a voz de Castro Alves levantará as bandeiras da Abolição e da República. Ela permitirá ao gênio do baiano os sonhos mais ardentes, as previsões mais arrojadas. Será Recife quem fará do poeta um agitador e um líder. Aqui ele tomará contato com o povo, se misturará com ele, porá a arma da sua poesia ao seu serviço. Daqui sua voz partirá para o Brasil. Recife Serpa sua melhor tribuna. Porque, amiga, toda esta cidade do Recife é uma praça pública, cenário para Castro Alves. Quando ele chega, ela parece dormir. Mas ele logo compreende que seu sono é cheio de um sonho grandioso (AMADO, 1987, p. 100).

Nosso poeta teve grande influência no Brasil e, aos 22 anos já era copiado por muitos escritores brasileiros. Seus versos eram repetidos e recitados em todos os saraus.

À guisa de exemplo, seus contemporâneos assim o descrevem:

> Quando se mostrava à multidão, já entusiasmada só de vê-lo, quando a inspiração lhe acendia nos olhos os fulgores deslumbrados do gênio, era grande e

> belo como um deus de Homero (Lúcio Mendonça-Castro Alves In: *A República*, Rio, 1872).

> O encanto daquele órgão irresistível, um desses que transfiguram um orador ou um poeta e fazem pensar no glorioso arauto de Agamenon imortalizado por Homero, Taltibios, semelhante aos Deuses pela voz (Rui Barbosa- *Elogio de Castro Alves*, Bahia, 1881).

> Toda gente que o ouvia e tinha arrepios de assombros e enxergava na esbelta e simpática pessoa do jovem acadêmico mais um semi-deus do que um poeta, menos um poeta que um vidente (Carlos Ferreira – *Feituras e feições*- Campinas, 1905).

A grande popularidade de Castro Alves rendeu-lhe muitos elogios e, como não poderia deixar de ser, algumas críticas ferrenhas. Marilene Felinto, por exemplo, importante jornalista e escritora brasileira, por ocasião do aniversário de 150 anos de nascimento do poeta os escravos, assim o define:

> O "ABC" de Amado é uma bobagem a ser perdoada. Castro Alves não é nenhum gênio. Tem apenas alguns momentos de genialidade numa obra irregular e curta -aliás, a qualidade da obra de todos esses poetas românticos que morreram tísicos e cedo demais (Castro Alves morreu aos 24) devia ser relevada, senão por motivos estéticos, ao menos porque não tiveram tempo suficiente para amadurecê-la.[7]

7 FELINTO, Marilene. "O eterno ABC de Castro Alves", in Caderno Mais, *Folha de São Paulo,* 16 de março de 1997. Poesia.

Contudo, Alexei Bueno, poeta, ensaísta e editor brasileiro, no texto "Herdeiro do entusiasmo", na mesma ocasião, discorda do excerto acima:

> O que define a superioridade de Castro Alves, dentro desse quadro, é a criação entre 17 e 24 anos, de 40 ou 50 poemas que são o apogeu da poesia romântica, não só no Brasil como na Língua portuguesa.
> (...) A verdade é que a inesgotável riqueza da poesia de Castro Alves, a amorosa, a lírica, a épica, a social, não foi nem de longe suficientemente explorada pela crítica brasileira.[8]

A suposta aura construída em torno do poeta dos escravos também lhe tributou inúmeros estudos. Sobre esse tema discorrem Edilene Matos em *Imagens fragmentadas de um mito* e Sara Daniela Moreira da Silva em *Castro Alves na Cultura brasileira*. O primeiro exame, fruto de uma tese defendida em 1999, na PUC, analisa a figura castroalvina como uma personagem criada a partir de um mosaico de imagens fragmentadas advindas de várias instâncias, tais como os críticos, o imaginário do povo e autoimagem. O segundo, por sua vez, uma dissertação de mestrado, defendida em 2012, na Universidade de Coimbra, tem o fito de apresentar os traços por meio dos quais nosso poeta continua imutável no imaginário brasileiro. Para tanto, a análise se baseia na presença de Castro Alves na literatura, nos quadrinhos, no cinema em enredos de samba.

8 BUENO, Alexei. "Herdeiro do entusiasmo". In Caderno Mais, F*olha de São Paulo*, 16 de março de 1997.

Traçado esse breve panorama, cumpre observar que uma análise da fortuna crítica do escritor das *Espumas Flutuantes* resultaria, inevitavelmente, em um novo estudo. Todavia, faz-se imprescindível conhecer a figura alvesiana, sobretudo aquela atrelada ao mundo gálico, tendo em vista que o constante apelo à cultura francesa deu um novo sentido às expressões genuinamente nacionais. Desse modo, as passagens acima transcritas, além de deixarem patente a relevância do poeta brasileiro no cenário nacional, permitem constatar que a aproximação cultural entre os escritos brasileiros e franceses passou a integrar o projeto artístico do período e, assim sendo, podem ilustrar a maneira por meio da qual nosso processo de formação foi entabulado.

Para melhor compreensão dos processos de inserção da literatura francesa, passemos à análise de elementos textuais.

"EPÍGRAFES"

A epígrafe é um procedimento muito adotado por Castro Alves. Sua obra conta com aproximadamente meia centena delas, das quais 18 são francesas. Segundo Antoine Compagnon, "escrever, pois, é sempre reescrever, não difere de citar. A citação, graças à confusão metonímica a que preside, é leitura e escrita, une o ato de leitura ao de escrita" (1996, p. 31).

Particularmente no Romantismo, são elucidativas as palavras de Antonio Candido a esse respeito:

> [...] o poeta romântico, filho de uma era que proclamava a singularidade de cada um e o valor da novidade, desliga do texto a referência e a empurra para o destaque da epígrafe, onde ela aparece com o nome de seu autor e a forma exata, assumindo plenamente o caráter de referência. E, sem destacar de todo os autores antigos, o romântico prefere os contemporâneos estrangeiros, relevando a empregnaçao direta das fontes externas e o novo universo do intercâmbio intelectual mais dinâmico (CANDIDO, 1993, p.212).

Essa inter-relação entre textos não é novidade. O que muda, entretanto, é o texto, ou seja, este sofre reelaborações ao ser assimilado, atribuindo, digamos, um sentido final ao texto de chegada. Analisar essa prática é, desse modo, compreender o caráter inventivo dos escritos castroalvinos, relevando a natureza das apropriações feitas.

As epígrafes,[1] de modo particular, desnudam *a priori,* uma escolha. Em um segundo momento, podem esclarecer aspectos complexos do discurso poético, pois

> (...) a epígrafe como a citação, da qual se diferencia por estar em destaque e não no corpo do texto, invoca uma autoridade. O poeta parece pedir amparo do escritor consagrado. Por outro lado, a epígrafe serve muitas vezes para revelar o espírito que preside o poema e, nesse caso, tenta direcionar a leitura, de certo modo, ao mesmo tempo incorpora-se ao texto e dele se distingue (MORAES-PINTO, 2003, p. 118).

Essa injunção expõe nosso interesse mais de perto: a utilização da epígrafe ao mesmo tempo em que declara relação mais estreita com um autor, insere, de modo mais evidente, o novo texto na rede de circulação literária e, ademais, formaliza a continuação da escritura, construindo, por outro texto, uma nova vestimenta plena ou não de originalidade. Dito de outra maneira, esse intertexto explícito oferece uma variada fonte de estudos, na medida em que pode revelar aspectos singulares do processo de criação poética de Castro Alves, conduzindo-nos a

---

1 Particularmente a respeito das epígrafes vide o estudo de Maria Cláudia Rodrigues Alves: "Epígrafes francesas / em francês no romantismo brasileiro". In: XV ABRALIC, 2017, Rio de Janeiro, Anais. Disponível em:< file:///C:/Users/Nice_Alex/Documents/sobre%20Castro%20alves/ep%C3%ADgrafes%20francesas.pdf>. Acesso em Nov. 2017.

uma possível compreensão dos caminhos percorridos em termos de expressão do nacional.

"Murmúrios da Tarde"[2]

Écoute! tout se tait; songe à ta bien-aimée
Ce soir, sous les tilleuls, à la sombre ramée,
Le rayon du couchant laisse un adieu plus doux,
Ce soir, tout va fleurir: l'immortelle nature
Se remplit de parfums, d'amour et de murmure
Comme le lit joyeux de deux jeunes époux.
A. DE MUSSET

Rosa! Rosa de amor purpúrea e bela!
GARRET

ONTEM à tarde, quando o sol morria,
A natureza era um poema santo,
De cada moita a escuridão saia,
De cada gruta rebentava um canto,
Ontem à tarde, quando o sol morria.

Do céu azul na profundeza escura
Brilhava a estrela, como um fruto louro,
E qual a foice, que no chão fulgura,
Mostrava a lua o semicirc'lo d'ouro,[3]
Do céu azul na profundeza escura.

---

2 Publicado no jornal *A tarde* (nº132, RJ, 1 abril de 1870).

3 A respeito da imagem da lua, vide "Notas" do A. Foi Sugerida pelo v. de Victor Hugo no poema "Booz Endormi", de *La Légende des Siècles*: Cette faucille d´or dans le champs des étoiles (ALVES, 1997, p. 813).

Larga harmonia embalsamava os ares!
Cantava o ninho-suspirava o lago...
E a verde pluma dos sutis palmares
Tinha das ondas o murmúrio vago...
Larga harmonia embalsamava os ares.

Era dos seres a harmonia imensa,
Vago concerto de saudade infinda!
"Sol — não me deixes", diz a vaga extensa,
"Aura-não fujas", diz a flor mais linda;
Era dos seres a harmonia imensa!

"Leva-me! leva-me em teu seio amigo"
Dizia às nuvens o choroso orvalho,
"Rola que foges", diz o ninho antigo,
"Leva-me ainda para um novo galho...
Leva-me! leva-me em teu seio amigo."

"Dá-me inda um beijo, antes que a noite venha!
Inda um calor, antes que chegue o frio..."
E mais o musgo se conchega à penha
E mais à penha se conchega o rio...
"Dá-me inda um beijo, antes que a noite venha!

E tu no entanto no jardim vagavas,
Rosa de amor, celestial Maria...
Ai! como esquiva sobre o chão pisavas,
Ai! como alegre a tua boca ria...
E tu no entanto no jardim vagavas.

Eras a estrela transformada em virgem!
Eras um anjo, que se fez menina!
Tinhas das aves a celeste origem.
Tinhas da lua a palidez divina,
Eras a estrela transformada em virgem!

Flor! Tu chegaste de outra flor mais perto,
Que bela rosa! que fragrância meiga!
Dir-se-ia um riso no jardim aberto,
Dir-se-ia um beijo, que nasceu na veiga..
Flor! Tu chegaste de outra flor mais perto!...

E eu, que escutava o conversar das flores,
Ouvi que a rosa murmurava ardente:
"Colhe-me, ó virgem, não terei mais dores,
Guarda-me, ó bela, no teu seio quente...
"E eu escutava o conversar das flores

"Leva-me! leva-me, ó gentil Maria!"
Também então eu murmurei cismando...
Minh'alma é rosa, que a geada esfria...
Dá-lhe em teus seios um asilo brando...
"Leva-me! leva-me, ó gentil Maria!..."

Rio de Janeiro, 12 de outubro de 1869
(ALVES, 1997, p. 150).

Do ponto de vista formal, "Murmúrios da tarde" se divide em onze estrofes de quintilhas com rima cruzada e versos decassílabos sáficos. De acordo com Antonio Candido (1997b, p. 36), os românticos brasileiros adotam o decassílabo sáfico, herança dos "italianos, usado desde os quinhentistas e, entre os árcades, querido de Bocage, precursor da fluidez romântica". Se associarmos o efeito sonoro da poesia alvesiana com o primeiro vocábulo da epígrafe mussetiana, "Écoute", veremos que o intertexto inicia a explosão de sentimentos, o que se dá mediante a sequência dos seguintes vocábulos: "canto", "harmonia", "suspirava", "murmúrio", "concerto", "choroso" e "ria".

> "Murmúrios da tarde" é um perfeito poema onomatopáico, verdadeira sinfonia, em que o ritmo lento, solene e arcano inicial período de cada estrofe de 5 versos, se repete no 5º, descrevendo a moldura linear da composição e contrastando deliciosamente com os ritmos mais esbeltos ou leves das rimas intermediárias que sugestivamente sussurram os detalhes harmônicos e os musicais murmúrios das flores, do orvalho , das ondas, do rio, das rosas e... do próprio poeta, desvairado de amor, entre esse lirismo panteísta. (PRINA, 1960, p. 60).

A epígrafe foi extraída da "Nuit de mai", de Musset, e também de um verso do quinto canto da obra "Camões", de Almeida Garret. A primeira apresenta 202 versos, divididos em dez estrofes com versos ora alexandrinos, responsáveis pelo discurso longo e exortativo da musa, ora octossílabos, revelando a monotonia e o abatimento do poeta. Trata-se do poema que apresenta a conhecida alegoria do pelicano, segundo a qual o animal, cansado de uma busca inútil por alimento, decide doar o próprio coração para nutrir sua ninhada. A musa utiliza o exemplo com o fito de comparar o sacrifício do pelicano ao do bardo. Em outras palavras, transmite a mensagem de que a dor é fundamental para a criação. O poeta deve encontrar em seus leitores a razão para a sua imolação. O diálogo com esse texto foi entabulado também por meio do poema "Noite de Maio" (ALVES, 1997, p. 489), que segundo Haddad (1953, p. 101, 3v) foi resultado das leituras mussetianas realizadas por Castro Alves. Nele notamos o tema estrangeiro vestido de cores nacionais, expressas por várias imagens, tais como "laranjeira", "palmeiras", "bela Amazona".

O excerto citado por Castro Alves figura o pedido da musa:

> Poeta, toma a lira; a noite, à relva crespa,
> O Zéfiro balança em seu véu de perfumes.
> Ao morrer, seduzindo-a, curvada sobre a vespa
> A rosa, ainda virgem, se fecha com ciúmes.
> Ouve: tudo se cala; sonha com tua amada.
> Sob as tilhas, de noite, à sombria ramada,
> O raio deste ocaso deixa um adeus tocante.
> Tudo, esta noite, vai florir: a natureza
> Se enche de aromas, de murmúrios, de beleza,
> Como o leito feliz de dois jovens amantes.
> (MUSSET, 1957, p. 304 Tradução de Pedro Lyra[4])[5]

No entanto, por conta do tédio e da falta de esperança, apenas na última estrofe é que o amor pela poesia é redescoberto. A leitura da sequência das noites faz entrever que o poeta se encontra dividido entre o que sente pela "bien Aimée" e sua vocação. O amor terreno, nesse caso, seria um obstáculo à criação artística. Por essa razão, ao final, a poesia vence.

---

4 LYRA, Pedro apud Tolentino. *O mundo como ideia*. "Noite de Maio". São Paulo: Globo, 2002. Disponível em : < https://www.academia.org.br/abl/media/poesia8.pdf> Acesso em 12 Mar 2021.

5 Poète, prends ton luth; la nuit sur la pelouse,
Balance le zèphyr dans son voile odorant
La rose, vierge encor, se referme jalousie
Sur le frelon nacré qu´elle enivre en mourant.
Écoute! tout se tait; songe à ta bien-aimée
Ce soir, sous les tilleuls, à la sombre ramée,
Le rayon du couchant laisse un adieu plus doux,
Ce soir, tout va fleurir: l'immortelle nature
Se remplit de parfuns, d'amour et de murmure
Comme le lit joyeux de deux jeunes époux (MUSSET, 1957, p. 304)

No texto garrettiano o sentido é semelhante. Camões, representando metonimicamente a nação portuguesa, está também indeciso entre a pátria e a mulher amada. Porém, como se sabe, a pátria é a eleita:

> E tu dirás a ingratos Portugueses
> Se português eu fui, se amei a pátria,
> Se, além dela e d'amor, por outro objecto
> Meu coração bateu, lutou meu braço,
> Ou modulou meu verso eternos carmes.
> Pátria, pátria, rival tu foste d'Ela!
> Tu me ficaste só, não desampares
> Quem por Ela e por ti sofreu constante,
> Quem por ti só agora o fio extremo
> Ténue conserva da existência aflita...
> Rosa d'amor, rosa purpúrea e bela,
> Quem entre os goivos te esfolhou da campa?
> (GARRET, p. 60).

"Murmúrios da tarde", por seu turno, composto de 11 estrofes de 5 versos decassílabos sáficos, carrega outra ideia. O eu lírico, totalmente imerso na natureza, observa a amada Maria em plena harmonia com o ambiente: "Rosa de amor, celestial Maria". De modo diverso em relação aos dois poemas dos quais se apropria, o texto brasileiro explicita uma situação diferente. A natureza não apenas expressa algo exterior, mas o observador nela se transforma para estabelecer a criação: "Minha alma é rosa, que a geada esfria".

Em Castro Alves, embora a concepção de Gênio seja frequente, ela não está alicerçada nas mesmas bases. Como se vê, o eu lírico busca no amor e na natureza a fonte de sua inspiração. O texto brasileiro não versa sobre o sofrimento ou a falta de inspiração: desde o título ao último verso tudo se transforma pelo olhar do vate em poesia.

A voz da "Muse", expressa na epígrafe, procura abrir os olhos do poeta para a beleza que o rodeia. Não é em vão que este seja justamente o excerto evocado. Enquanto o bardo do texto francês vê-se perdido, interpelado por uma voz que solicita seu trabalho, sua produção, a poesia brasileira expressa o fruto da inspiração de um poeta. A "bien Aimeé", nesse caso, é mais uma ocasião para a produção poética. Nosso vate responde prontamente à solicitação exposta na epígrafe e escreve a partir das belezas terrenas que consegue enxergar, impelido, é claro, pela "gentil Maria!...".

O ser amado, nesse caso, não configura um empecilho por intermédio do qual a poesia inexiste. Em outras palavras, se nos demais casos os amores terrenos impediriam a criação, aqui eles são, de fato, uma oportunidade para a produção poética, de modo que, como é natural em Castro Alves, o amor é visto como um meio de escapar da morte. Não seria exagero afirmar que a natureza na obra castroalvina é uma componente de lascividade, nesse caso lastreada na herança neoclássica: "Eras a estrela transformada em virgem, /Dir-se-ia um beijo que nasceu na veiga..."

Sobre esse eixo interpretativo, comenta Edilene Matos:

> Em Castro Alves não há mediação entre o homem e a natureza, mas uma completa identificação, pois aparece ela em sua obra como personagem e não apenas como pano de fundo ou simples ornamento. A natureza age, sente, personifica-se, tem grande importância e participação na construção e desenvolvimento do poema, ao contrário do modo como a concebem os neoclássicos e mesmo alguns românticos, como simples elemento decorativo ou mera extensão da alma (2001, p. 178).

As duas epígrafes ganham nuanças e, ao mesmo tempo, interferem prontamente na imagem geral de "Murmúrios da tarde". Os trechos emprestados finalizam a antropomorfização sugerida pelo título e aprofundada ao longo das estrofes. Porém, diferenciam-se no texto em que são inseridos, ou melhor, somam e ganham outros sentidos, uma vez que o texto alvesiano expressa uma concepção de amor mais complexa, aberta a outras paixões, tais como a criação poética ou o amor à nação. Ademais, diferentemente do poema francês que expressa melancolia, marcada pela ociosidade e pelo conflito vivido pelo poeta, o sentido pleno do poema brasileiro é composto pela permanência do topos do *carpe diem* que está na origem de uma visão epicurista, de gozo do presente. Nesse sentido, a readaptação se define pela contraposição da ideia melancólica de Musset com a reafirmação da força da vida, da juventude, expressa pela reminiscência neoclássica.

Castro Alves, portanto, relativiza suas fontes: em Musset há algo de quase convencional, oriundo da herança clássica, ou seja, o diálogo com a musa. Em Garret, o conhecido embate entre o individual e o coletivo (pátria, viagens, descobrimentos). Nosso poeta deixa de lado os elementos contextuais presentes nas fontes e parte para uma experiência poética em que os órgãos dos sentidos operam a favor de certa exaltação erótica, prova disso é a gradação do sentido de termos relativos ao corpo feminino "seio", significando âmago em relação a "seios", algo bem mais próximo da experiência erótica). Ademais, cumpre notar o verso: 'Era dos seres a harmonia imensa', onde há, assim como em Musset, evidentemente, reminiscências clássicas.

Anatol Rosenfeld e J. Guinsburg assim resumem o conceito classicismo:

> (...) o classicismo quer ser transparente e claro, racional E com tudo isso se exprime, evidentemente, uma fé profunda na harmonia universal. A natureza é concebida essencialmente em termos de razão, regida por leis, e a obra de arte reflete tal harmonia. A obra de arte é imitação da natureza e, imitando-a, imita seu concerto harmônico, sua racionalidade profunda, as leis do universo (GUINSBURG, 1999, p. 374).

Não obstante as linhas anteriores, o eu lírico remete, metaforicamente, à união do "Sol" com a "Vaga", da "Aura' com a "flor mais linda", fazendo apelo à conjugação dos seres e ao *carpe diem*, expressa a relevância da intensidade da experiência amorosa, ou seja, o conhecimento do objeto de desejo emerge diretamente da experiência sensual do eu poético com ele e não de modo isolado. Todavia, essa comunhão tão desejada, da qual se esquiva a maioria dos românticos, é, em Castro Alves, ancorada em uma expectativa extremamente carnal. Isto explica o fato de a busca pela mulher não se dar de modo apenas balbuciante, juvenil.

> O amor, como desejo, frêmito encantamento da alma e do corpo, superando completamente o negaceio casimiriano, a esquivança de Álvares de Azevedo, o desespero acuado de Junqueira Freire... Encontramos pela primeira vez, na poesia romântica uma poesia onde a dor não se traduz em lamúria, onde não há lubricidade nem devaneio etéreo dissociando a integridade da paixão...
>
> O seu sentimentalismo amoroso percorre toda gama completa da carne e do espírito; é adulto,

> numa palavra, como o Victor Hugo, a quem prendiam-no afinidades profundas, não mera influência literária (CANDIDO, 1997b, p. 250).

Em síntese, a epígrafe apresenta duas funções: inicialmente, o efeito acústico da poesia alvesiana segue, tanto no aspecto formal quanto no semântico, a sugestão mussetiana advinda do vocábulo "Écoute"; num segundo momento, auxilia na definição da natureza como força viva, que, em Musset, expressa o estado de alma melancólico do eu lírico, ao passo que em Castro Alves passa a justificar uma visão hedonista da vida.

"A volta da primavera"

Aime et tu renaîtras fais-toi fleur pour éclore,
Après avoir souffert, il faut souffrir encore;
Il faut aimer sans cesse après avoir aimé.
A. DE MUSSET

AI! Não maldigas minha fronte pálida,
E o peito gasto ao referver de amores.
Vegetam louros — na caveira esquálida
E a sepultura se reveste em flores.

Bem sei que um dia o vendaval da sorte
Do mar lançou-me na gelada areia.
Serei... que importa? o D. Juan da morte
Dá-me o teu seio - e tu serás Haidéia!

Pousa esta mão - nos meus cabelos úmidos!...
Ensina à brisa ondulações suaves!
Dá-me um abrigo dos teus seios túmidos!
Fala!... que eu ouço o pipilar das aves!

Já viste às vezes, quando o sol de maio
Inunda o vale, o matagal e a veiga?
Murmura a relva: "Que suave raio!"
Responde o ramo: "Como a luz é meiga!"

E, ao doce influxo do clarão do dia,
O junco exausto, que cedera à enchente,
Levanta a fronte da lagoa fria...
Mergulha a fronte na lagoa ardente...

Se a natureza apaixonada acorda
Ao quente afago do celeste amante,
Diz!... Quando em fogo o teu olhar transborda,
Não vês minh'alma reviver ovante?

É que teu riso me penetra n›alma —
Como a harmonia de uma orquestra santa —
É que teu riso tanta dor acalma...
Tanta descrença!... Tanta angústia!... Tanta!

Que eu digo ao ver tua celeste fronte:
"O céu consola toda dor que existe.
Deus fez a neve — para o negro monte!
Deus fez a virgem — para o bardo triste!"

Rio de Janeiro, Junho de 1869
(ALVES, 1997, p. 108)

A epígrafe pertence a "Nuit d´Août", de Musset. Assim como a "Nuit de Mai", esta também apresenta, no discurso da musa, versos alexandrinos, e, nos do poeta, octassílabos, exceto, vale lembrar, na última estrofe – exatamente o trecho citado por Castro Alves –, quando o poeta defende sua concepção de amor:

> Amo, e quero cantar a dolência e a alegria,
> Minha louca vivência, meus dias de torpor.
> Amo, e quero contar, repetir a ousadia:
> Que após haver jurado viver sem companhia,
> Jurei que ia viver e ia morrer de amor.
>
> Despe diante de todos o orgulho dolorido,
> Coração infeliz, que quiseste fechado.
> Ama, e renascerás, como um botão florido.
> Precisa ainda sofrer, depois de haver sofrido;
> Precisa amar sem fim, depois de haver amado.
> (MUSSET, 1957, p. 304. Tradução de Pedro Lyra[6]).[7]

No texto francês a "muse", sozinha e abandonada, lamenta:

> (...)Hélas! mon bien-aimé, vous n'êtes plus poète.
> Rien ne réveille plus votre lyre muette;
> Vous vous noyez le coeur dans un rêve inconstant;
> Et vous ne savez pas que l'amour de la femme
> Change et dissipe en peurs les trésors de votre âme,
> Et que Dieu compte plus les larmes que le sang.
> (*Op.cit.*).[8]

---

6 LYRA, Pedro. "Noite de Agosto".*Revista Klaxon*. São Paulo n.6, 1923. Disponível em: <https://www.academia.org.br/abl/media/poesia11.pdf>. Acesso em: 13 mar. 2021.

7 (...) J'aime, et je veux chanter la joie et la paresse,
Ma folle expérience et mes soucis d'un jour,
Et je veux raconter et répéter sans cesse
Qu'après avoir juré de vivre sans maîtresse,
J'ai fait serment de vivre et de mourir d'amour.
Dépouille devant tous l'orgueil qui te dévore,
Coeur gonflé d'amertume et qui t'es cru fermé. Aime, et tu renaîtras; fais-toi fleur pour éclore. Après avoir souffert, il faut souffrir encore;
Il faut aimer sans cesse, après avoir aimé.(...) (MUSSET, 1957, p. 304).

8 Ai de ti, meu amor: já não és mais poeta.
A tua lira muda a nada mais desperta.

A apropriação do dado francês não inicia apenas a noção desenvolvida. A imagem da flor, emprestada de Musset, materializa o ciclo amoroso, aliado ao sofrimento. A epígrafe tem, nesse sentido, a função de desnudar a ideia de ciclo, sendo este desenvolvido por meio das noções de frustração e reencanto. A flor plastifica, de fato, esse processo, tendo em vista que a própria palavra primavera – *primus tempus* – simboliza a renovação e a esperança:

> Todos os seres vivos participam do ciclo da vida. Desde o nascimento à realização pessoal, chegando à maturidade, eles começam a se aproximar do fim e da morte. Este ciclo de ininterrupto de fenômenos da natureza que se renovam tem uma relação com a repetição dos sentimentos de fracasso experimentados por melancólicos. Com efeito, eles se colocam em um ciclo de repetição das dores do amor. A figura feminina não escapa a essa representação. O meio no qual evolui o melancólico se torna não apenas um confidente, mas também um próximo com quem compartilha os mesmos sofrimentos.
> (...)
> A primavera e o verão sugerem momentos felizes da relação que está no começo. Mas quando o outono e o inverno chegam, eles trazem consigo a dúvida, a solidão, a tristeza (CHIANCA, 2007, p.179, Tradução nossa).[9]

Tu afogaste o peito num sonhar inconstante.
E já nem sabes mais que o fascínio da amante
Os tesouros da alma te estraga e a deixa exangue
Nem que Deus conta mais as lágrimas que o sangue. (Tradução Pedro Lyra *op. cit.*)

9 Tous les êtres vivants participent au cycle de la vie. naissance à l'épanouissement, arrivant à la maturité, ils commencent à s'approcher de

Trata-se de uma estação que passa para a chegada de outra e, assim, sucessivamente, até que retorne infinitamente. Nosso escritor parece, por meio dessa comparação, se aproximar mais da verdadeira experiência da relação amorosa:

> Castro Alves se distingue pelo vigor da paixão que supera os elementos predominantes em outros românticos e, alguns, presentes também na sua obra: dúvida, abatimento, cinismo, melancolia. (...)No plano estritamente pessoal, citemos um exemplo: a intensidade com que exprime o amor, como desejo, frêmito, encantamento da alma e do corpo, superando completamente o negaceio casimiriano, a esquivança de Álvares de Azevedo, o desespero acuado de Junqueira Freire. A grande e fecundante paixão por Eugênia Câmara (até que enfim uma mulher de carne e osso, localizada e datada, após as construções da imaginação adolescente) percorreu-o como corrente elétrica, reorganizando-lhe a personalidade, inspirando alguns dos seus mais belos poemas de esperança, euforia, desespero, saudade (CANDIDO, Antonio, 1997b, p. 250).

---

la fin et de la mort. Cette suite ininterrompue des phénomènes de la nature qui se renouvellent ont un lien avec la répétition des sentiments d'échec que subissent les mélancoliques. En effet, ils se placent dans un cycle de répétition des douleurs d'amour. La figure féminine n'échappe pas à cette représentation. Le milieu dans lequel évolue le mélancolique devient non seulement un confident, mais aussi un proche qui partage les mêmes souffrances.

(...)

Le printemps et l'été suggèrent les moments heureux de la relation qui est à son début. Mais lorsque l'automne et l'hiver arrivent, ils apportent avec eux le doute, la solitude, la tristesse. (CHIANCA, 2007, 179)

A segunda estrofe esboça a menção ao segundo canto de "Don Juan",[10] de Lord Byron – estrofes 108 a 116. A urdidura do excerto descreve a seguinte situação: Após naufrágio, o herói vai parar em uma ilha. Haidéia, filha de um pirata, presta-lhe então os primeiros cuidados. Essa passagem representa, então, um duplo renascimento: inicialmente por D. Juan ser o único sobrevivente e, num segundo momento, pelo desabrochar do amor entre os dois jovens.

Logo, percebe-se que o interesse era por essa noção de ciclo, existente em Musset, e a de renascimento, em Byron. No entanto, de modo diferente do autor francês, que se vê diante de uma escolha (O Muse! que m'importe ou la mort ou la vie?/ J'aime, et je veux pâlir; j'aime, et je veux souffrir;/ J'aime, et pour un baiser je donne mon génie;), o eu lírico do texto alvesiano justifica a necessidade de amor: "Deus fez a neve para o negro monte/ Deus fez a virgem- para o bardo triste!", ou seja, o "Poète", desiludido e sem inspiração, pede à musa que o ame, tenta convencê-la de que o sofrimento é parte da relação e que, portanto, não deve desistir por isso. Todavia, com o verso "j'aime, et pour un baiser je donne mon génie", deixa evidente que as duas paixões são excludentes: ou ele escreve ou ama. Essa ideia não aparece no texto brasileiro. Na verdade, os três excertos citados conversam diretamente com a imagem geral de "A volta da primavera", tendo em vista que a fugacidade da flor, associada ao simbolismo da primavera, representam justamente a fragilidade e a natureza cíclica do amor. Porém, no caso francês,

10 *Don Juan* (1819-1824): Obra épico-satírica do poeta inglês representativa pelo seu experimentalismo e sua renovação do mito primevo. Para melhor compreender a cronologia do mito, ver Pierre BRUNEL. *Dictionnaire de mythes littéraires*. p. 255-260)

ele se opõe à criação poética, ao passo que no brasileiro ele seria um bálsamo à missão do poeta.

Compete mencionar ainda a presença da mulher corpórea, pronta para o amor, diferente do texto francês que apresenta a musa incorpórea e espiritualista. Esse fato recobre o texto brasileiro de uma dimensão existencial. Daí o modo particular de expressar o viver e de poetizar o vivido. Sob esse prisma, o vocabulário expõe- de modo sensual, quase frenético: "(...) o peito gasto a referver de amores", "Dá-me o teu seio (...)", "Dá-me um abrigo dos teus seios túmidos!", "(...) lagoa ardente", "Ao quente afago do celeste amante", "(...) o teu olhar transborda", "(...) teu riso me penetra n´alma". Na "Nuit d´Août", por sua vez, existe uma exaltação espiritual do amor. O poeta quer viver, amar, mas esse sentimento vem acompanhado de dor: "Et que rapportes tu, sinon quelque soufrance?", "J´aime et je veux pâlir; j´aime et je veux souffrir".

Das linhas acima delineadas pode-se concluir que existe, claramente, uma oposição entre as duas poesias. Na brasileira, a epígrafe mussetiana, furtada de seu contexto original, justifica o amor físico, direcionando a construção da concepção castroalvina de amor.

> Castro Alves talvez seja quem melhor tenha realizado uma nova concepção do amor, afinada com as aspirações de uma nova mentalidade. E isso não apenas pela representação integral da mulher e pela reunião dos planos espiritual e sexual do amor, mas também por superar a visão aristocrática do amor sublime, sem cair numa visão naturalista do amor puramente biológico e carnal (RONCARI, 2002, p. 484)

É de se supor, portanto, que alguns elementos da brasilidade já estão presentes sem que se fale de nacionalismo estereotipado. Assim sendo, a epígrafe serve apenas como ponto de partida. Nosso poeta serve-se das referências culturais, contudo o texto esboça, como elencado acima, elementos típicos da produção alvesiana. A "fleur" mussetiana, por exemplo, transforma-se em "vale", "matagal", "veiga", "junco", "selva" e, ao final, sintetiza-se em "natureza apaixonada". Disto depreende-se que esta última "era inspirada pelo espírito divino e que a imaginação humana individual poderia fundir-se na natureza universal; mas também que a mente criativa, sendo profundamente solitária, ansiava pela harmonia entre homem e a natureza" (WOLF, 2008, p. 6). Ademais, a flor é um símbolo do romantismo: ela "representa a busca do poeta pela arte original" (SCHEEL, 2010, p. 28). Em outras palavras, transmutada no texto brasileiro por vocábulos que representam fertilidade (vale), campo fértil e produtivo (veiga), ela parece sugerir o vasto leque de possibilidades que a nossa literatura dispõe em solo nacional. Nesse sentido, o ambiente natural passa a ser um indivíduo que se comunica, expondo imagens carregadas de sentimentos e, sobretudo, repletas de subjetividade, dando azo à poesia como experiência peculiar e não apenas derivada. Por conseguinte, dos elementos culturais (epígrafe de Musset e a alusão a Byron) passamos ao espetáculo quase frenético da natureza, (haja vista a força evocativa da imagem do junco em relação à lagoa ardente). Essa integração do eu poético ao sensualismo universal ("Se a natureza apaixonada acorda/ Ao quente afago do celeste amante/ Não vês minh´alma reviver ovante") é, pois, uma forma de fugir da fatalidade: o sensualismo dava-lhe a ilusão de afastar para longe a fatalidade, ou seja, o poeta encontra na celebração ao sensualismo universal uma forma de escapar da morte.

"Adormecida"[11]

Ses longs cheveux épars la couvrent toute entière
La croix de son collier repose dans sa main,
Comme pour témoigner qu'elle a fait sa prière.
Et qu'elle va la faire en s'éveillant demain.
A. de Musset

Uma noite, eu me lembro... Ela dormia
Numa rede encostada molemente...
Quase aberto o roupão... solto o cabelo
E o pé descalço do tapete rente.

'Stava aberta a janela. Um cheiro agreste
Exalavam as silvas da campina...
E ao longe, num pedaço do horizonte,
Via-se a noite plácida e divina.

De um jasmineiro os galhos encurvados,
Indiscretos entravam pela sala,
E de leve oscilando ao tom das auras,
Iam na face trêmulos — beijá-la.

Era um quadro celeste!... A cada afago
Mesmo em sonhos a moça estremecia...
Quando ela serenava... a flor beijava-a...
Quando ela ia beijar-lhe... a flor fugia...

Dir-se-ia que naquele doce instante
Brincavam duas cândidas crianças...
A brisa, que agitava as folhas verdes,
Fazia-lhe ondear as negras tranças!

11 Publicada na *Imprensa Acadêmica* (nº3, SP, 19 junho de 1870).

E o ramo ora chegava ora afastava-se...
Mas quando a via despeitada a meio,
P'ra não zangá-la... sacudia alegre
Uma chuva de pétalas no seio...

Eu, fitando esta cena, repetia
Naquela noite lânguida e sentida:
"Ó flor! — tu és a virgem das campinas!
"Virgem! — tu és a flor da minha vida!..."

S. Paulo, Novembro de 1868. (ALVES, 1997, p. 124)

A epígrafe é de "Rolla" (1833), de Alfred de Musset. O longo poema francês narra a história de um jovem que dissipa toda sua fortuna com a vida boemia. A conhecida cena é o momento em que Rolla observa a jovem Marion (prostituída por sua mãe aos 15 anos) enquanto esta dorme. Em seguida, atordoado e sem esperanças, o rapaz se envenena não obstante as tentativas frustradas da moça para impedi-lo.

Em "Impressões de teatro", ao discorrer sobre a peça *Gaspar Hauser*, nosso escritor revela o que pensa sobre o suicídio:

> No último ato Gaspar depois de mostrar uma coragem e uma nobreza extraordinária de sentimento, depois de resistir valoroso a todos as decepções – suicida-se. O suicídio, condenado pelas leis da moral, não pode ser admitido no teatro e estatuído em heroísmo... (...) Entretanto há um suicídio admissível no teatro, é a morte, que produz a vida, é o sacrifício da individualidade à ventura de outrem (...) (ALVES, 1997, p. 716).

Vê-se claramente que Castro Alves condena o suicídio como o de Jacques Rolla. Daí a cena emprestada ser justamente o momento em que este, ao olhar Marion, percebe a beleza da vida. No entanto, isso não impede o final trágico.

Em Castro Alves a mulher é sensual e totalmente inserida no contexto brasileiro, o que pode ser vislumbrado a partir de construções como "Numa rede encostada molemente" e "Quase aberto o roupão". Enfim, toda situação, sobrevinda de um ambiente voluptuoso e agradável, é um convite ao prazer. A morte em Musset opõe-se diretamente à atmosfera do texto brasileiro. Neste, o feminino acorda no eu lírico sensações visuais e olfativas, responsáveis pelo prazer lascivo. Assim sendo, o bardo brasileiro não consente com a morte do protagonista mussetiano. Todos os prazeres dos sentidos expostos pelo eu lírico justificam a vontade de viver. Já no poema francês, o valor do capital prevalece em detrimento do deleite.

Tanto assim que Marion oferece dinheiro ao rapaz que, por sua vez, prefere morrer. Disto depreende-se que, apesar da inserção da imagem de Marion, "Adormecida" destoa do desfecho de "Rolla', tendo em vista que no texto brasileiro os prazeres carnais, associados à imagem da bela mulher que dorme, oferecem um convite à vida. Ademais, no texto francês a imagem da cruz, somada ao vocábulo "Prière", oferece um dado religioso ao texto brasileiro. Este amplia, de forma considerável, a sensualidade ao inserir a mulher na natureza. Vemos, então, a Marion agora sob outro ponto de vista: não se trata aqui do expectador desiludido, mas alguém que a observa com expectativa e curiosidade. E, ao final, o verso "Virgem! – tu és a flor da minha vida!.." funciona como um elemento a mais na apreciação do fato de que, apesar de serem semelhantes as imagens, o vate brasileiro parte sempre da defesa de sua concepção.

Os dois casos tratam do tema da beleza feminina, retratada em um momento de abandono, refletido pelo sono. Porém, em Musset, a mulher se torna algo espiritualizado, pelo fato de trazer junto a si a cruz, símbolo do sofrimento de Cristo e, por extensão, da própria personagem Marion. Já em Castro Alves, a questão é de outra ordem: os dados visuais incorporam-se ao poema. A voz lírica vê a mulher e sabe dar ao jasmineiro (e seu galho) a função da cópula com o corpo feminino. Pudor e despudor convivem no poema. O corpo feminino está presente metonimicamente (cabelo, pé, seio) e o masculino está metaforizado. Há alusão ao ato sexual e, ao mesmo tempo, a indicação ambígua de que se tratava de duas "cândidas crianças".

O poema expressa o elemento espiritual em consonância ao erótico. Se na primeira estrofe a imagem da moça desnuda –"quase aberto o roupão... solto o cabelo"- inicia o quadro lascivo, as passagens "Plácida e divina", "quadro celeste", "cândidas crianças" e "virgem das campinas", por seu turno, divinizam e espiritualizam o momento, concretizado apenas pelo uso do bucolismo. Vê-se claramente que os dilemas presentes no texto francês estão muito longe do brasileiro e, assim sendo, a fonte aponta predominantemente para outra direção.

Se considerarmos que a "intertextualidade designa não uma soma confusa e misteriosa de influências, mas o trabalho de transformação e assimilação de outros textos, operado por um texto centralizador que detém o sentido",[12] veremos que é exatamente esse o trabalho efetivado, tendo em vista que no corpo do texto alvesiano o empréstimo ganha ares de sensualismo, tornando mais complexo o dizer amoroso.

---

12 JENNY, Laurent. "A estratégia da forma". In: *Intertextualidades*. Trad. *Revista Poétique* n. 27. Lisboa: Almedina, 1979, p. 19-45.

"Uma página de escola realista"[13]

Drama cômico em quatro palavras
A tragédia me faz rir, a comédia me faz chorar,
E o drama? Nem rir, nem chorar...
(Pensamento de CARNIOLI)

CENÁRIO

A alcova é fria e pequena
Abrindo sobre um jardim.
A tarde frouxa e serena
Já desmaia para o fim.
No centro um leito fechado
Deixa o longo cortinado
Sobre o tapete rolar...
Há, nas jarras deslumbrantes,
Camélias frias, brilhantes,
Lembrando a neve polar.

Livros esparsos por terra,
Uma harpa caída além;
E essa tristeza, que encerra
O asilo, onde sofre alguém.
Fitas, máscaras e flores
Não sei que vagos odores
Falam de amor e prazer.
Além da frouxa penumbra
Um vulto incerto ressumbra
— O vulto de uma mulher.

---

13 Autógrafo na Academia Brasileira de Letras do qual foi feita uma edição em 1943. MUSSET

Vous, qui volez là-bas, légères hirondelles
Dites-moi, dites-moi, pourquoi vais-je mourir!

MÁRIO (*no leito*)

É tarde! É tarde! Abri-me estas cortinas
Deixai que a luz me acaricie a fronte!...
Ó sol, ó noivo das regiões divinas,
Suspende um pouco a luz neste horizonte!

SILVIA (*abrindo a janela*)

Da noite o frio vento te regela
o mórbido suor...

MÁRIO

Oh! que me importa?
A tarde doura-me o suor da fronte...
— Último louro desta vida morta!

Crepusc'lo! mocidade! natureza!
Inundai de fulgor meu dia extremo...
Quero banhar-me em vagas de harmonia,
Como no lago se mergulha o remo!

E que amores que sonham as esferas!
A brisa é de volúpia um calafrio.
A estrela sai das folhas do infinito,
Sai dos musgos o verme luzidio ...

Tudo que vive, que palpita e sente
Chama o par amoroso para a sombra.
O pombo arrula — preparando o ninho,
A abelha zumbe — preparando a alfombra.

As trevas rolam como as tranças negras,
Que a Andaluza desmancha em mago enleio:
E entre rendas sutis surge medrosa
A lua plena, qual moreno seio.

Abre-se o ninho... o cálice... o regaço...
Anfitrite, corando, aguarda o noivo...

(*Longa pausa*)

E tu também esperas teu esposo,
Ó morte! ó moça, que engrinalda o goivo!

SÍLVIA (*a meia voz, acompanhando-se na guitarra*)

Dizem as moças galantes
Que as rolas são tão constantes
...
Pois será?
Que morrendo-lhe os amantes,
Morrem de fome, arquejantes,
Quem dirá?

Dizem sábios arrogantes
Que nestas terras distantes,
Não por cá,
Sobre piras fumegantes
Morrem viúvas constantes,
Pois será?

Não creio nos navegantes
Nem nas histórias galantes,
Que há por lá.
Fome e fogueiras brilhantes

Cá não há...
Mas inda morrem amantes
De saudades lacerantes
Quem dirá?

(*Aos últimos arpejos cai-lhe uma lágrima.*)

MÁRIO (*vendo-a chorar*)

Sílvia! Deixa rolar sobre a guitarra,
Da lágrima a harmonia peregrina!
Sílvia! cantando — és a mulher formosa!
Silvia! chorando — és a mulher divina!

Oh! lágrimas e pérolas! - aljofares
Que rebentais no interno cataclismo,
Do oceano — este dédalo insondável!
Do coração — este profundo abismo!

Sílvia! dá-me a beber a gota d'água,
Nessa pálpebra roxa como o lírio...
Como lambe a gazela o brando orvalho
Nas largas folhas do deserto assírio.

E quando est'alma desdobrando as asas
Entrar do céu na região serena,
Como uma estrela eu levarei nos dedos
Teu pranto sideral, ó Madalena! ...

SÍLVIA (*tem-se ajoelhado aos pés do leito*)

Meus prantos sirvam apenas
P'ra umedecer teus cabelos,
Como da corça nos velos

Fresco orvalho a resvalar!
P'ra molhar a flor, que aspires,
Rolem prantos de meus olhos,
P'ra atravessar os escolhos
Meus prantos manda rolar!...

Meus prantos sirvam apenas
P'ra a terra, em que tu pisares,
P'ra a sede, em que te abrasares,
Terás meu sangue, Senhor!
Meus prantos são óleo humilde
Que eu derramo a tuas plantas...

(*Mário estende-lhe os braços*)

Mas se acaso me levantas
Meus prantos dizem-te amor!...

MÁRIO (*tendo-a contra o seio*)

Sentir que a vida vai fugindo aos poucos
Como a luz, que desmaia no ocidente...
E boiar sobre as ondas do sepulcro,
Como Ofélia nas águas da corrente...

Sentir o sangue espanadar do peito
— Licor de morte — sobre a boca fria,
E meu lábio enxugar nos teus cabelos,
Como Rolla nas tranças de Maria.

De teus braços fazer o diadema
De minha vida, que desmaia insana,
Esquecer o passado em teu regaço,
Como Byron aos pés da Italiana;

Em teu lábio molhado e perfumoso
O licor entornar de minha vida...
Escutar-te nas vascas da agonia,
Como Fausto as canções de Margarida!

Eis como eu quero — na embriaguez da morte...
Do banquete no chão pender a fronte...
Inda a taça empunhando de teus beijos
Sob as rosas gentis de Anacreonte!...

(*A noite tem descido pouco a pouco, o luar penetrando pela alcova alumia o grupo dos amantes*)

SÍLVIA

Que palidez, meu poeta,
Se estende na face tua!...

MÁRIO

São os raios descorados,
Os alvos raios da lua!

SÍLVIA

Mas um suor de agonia
Teu peito ardente tressua ...

MÁRIO

São os orvalhos, que descem
Ao frio clarão da lua.

SÍLVIA

Que mancha é esta sangrenta,
Que no teu lábio flutua?

MÁRIO

São as sombras de uma nuvem
Que tolda a face da lua!

SÍLVIA

Como teus dedos esfriam
Sobre minha espádua nua! ...

MÁRIO (d*istraído*)

Não vês um anjo, que desce,
No frouxo clarão da lua?

SÍLVIA

Mário? Não vês quem te chama?...
Tua amante... Sílvia... a tua...

MÁRIO (d*esmaiando*)

É a morte que me leva
Num frio raio da lua! ...

(*O poeta cai semimorto sobre o leito. No espasmo sua mão contraída prende uma trança da moça.*)

SÍLVIA

Teus brancos dedos fecharam
De meu cabelo a madeixa,
Tua amante não se queixa...
Bem vês... cativa ficou.
Mas não se prende o desejo
Que n'alma acaso se aninha!...
Nunca viste a andorinha,
Que alegre o fio quebrou?

(*Ouve-se um relógio dar horas.*)

Já! tão tarde! E embalde tento
Abrir-te os dedos fechados...
Como frios cadeados,
Que o teu amor me lançou.
Porém se aqui me cativas
Minh'alma foge-te asinha...
Nunca viste a andorinha,
Que alegre o fio quebrou!

(*Debruça-se a escrever numa carteira.)*

—Paulo! Vem à meia-noite...
Mário morre! Mário expira!
Vem que minha alma delira
E embalde cativa estou. . . "

MÁRIO (*que tem lido por cima de seu ombro*)

Sílvia! a morte abre-me os dedos,
És livre, Sílvia... caminha!

(*morrendo*)

Minh'alma é como a andorinha,
Que alegre o fio quebrou.
1870 (ALVES, 1997, p. 199).

"Uma página de escola realista" apresenta epígrafe de Octave Feuillet. Trata-se de um pensamento de Carnioli, personagem do drama *Dalila.* No final da primeira parte dois versos do poema "Rolla", de Alfred de Musset, finalizam o quadro intitulado "Cenário".

O título e subtítulo já dizem muito a respeito da poesia alvesiana "Uma página de escola realista: drama cômico em quatro palavras". Como se pode apreender, o texto será cômico e apresentará aspectos realistas. Afirmação um tanto curiosa para um poeta como Castro Alves, romântico e especialista em gênero lírico. Se somarmos a isso a consideração de Carnioli, presente na epígrafe, por meio da qual a personagem mistura o efeito de três tipos teatrais e ainda elege, para expressar a indiferença, o tipo dramático, pode-se inferir que, por ser este o escolhido, nosso poeta associa o realismo a essa finalidade. Ademais, como se sabe, o drama expressa um conjunto de situações cotidianas que causam sofrimento e dor. No entanto, nesse caso, por ser cômico, as situações terão o efeito contrário, assim como descreve a personagem francesa.

Veremos então como essa ideia é construída. As duas primeiras estrofes descrevem um quarto pequeno, frio, triste, onde se vê o vulto de uma mulher. Em seguida os dois versos de Musset antecipam os fatos:

> *"Vous, qui volez làs-bas, légères hirondelles*
> *Dîtes-moi, dites-moi, pourquoi vais-je mourir?"*

Trata-se da última parte de "Rolla", momento em que ele reflete sobre a vida e sobre o suicídio que pensa em cometer. Esse episódio, já mencionado em outros momentos, descreve uma situação dramática. Aqui, os versos emprestados, além de antecipar os fatos, também conduzem a uma interrogação. Mas, ao final do texto brasileiro, ela se modifica e passa à afirmação irônica.

Por meio das falas de Mário e Silvia a situação dramática é desenhada. A princípio, o poeta traça uma oposição: sua vida se esvai enquanto a natureza exala vida. Num segundo momento, sua amante fala sobre a fidelidade das rolas e das moças galantes, sugerindo que também definharia com sua morte. O poeta, então, compara seu sofrimento, mais uma vez, ao de Rolla, Ofélia, Byron e Fausto. Todos carregam esse caminho para a morte. Seja por uma desilusão amorosa, pela falta de esperança, por uma promessa de juventude ou pela liberdade, suas mortes expressaram o alívio de uma alma conturbada e, em todos os casos, literários e reais, o amor, por vezes negado, ignorado ou em exagero, foi sempre um consolo à dor de viver.

Ao final, o poeta, em agonia, segura uma trança de Silvia e a prende. Repentinamente, então, esta escreve a um terceiro personagem, Paulo, solicitando sua presença. O quadro muda completamente: Silvia passa de amante apaixonada a mulher traiçoeira. A trança, por sua vez, deixa de ser, como em Marion, símbolo de beleza e vida, para transformar-se na prisão da mulher amada. No entanto, Mario, compreendendo a situação, abre os dedos para libertá-la.

A epígrafe francesa justifica, portanto, a frieza expressa no final do poema. *Dalila*, ao contrário, esboça a morte de Marta de maneira trágica: ela morre por amor, ou melhor, de amor. No entanto, Carnioli, não por acaso, foi escolhido por ser a personagem mais indiferente da obra. Possui uma visão prática e utilitarista das relações. O poema *Rolla*, duas vezes mencionado, destoa completamente do texto alvesiano. Inicialmente porque a razão do suicídio de Rolla é a decadência financeira, Mário não comete suicídio, está à beira do falecimento e percebe seu amor por Silvia. Esta, por sua vez, finge corresponder ao sentimento, mas, ao final, declara seu interesse por Paulo.

O realismo alvesiano, nesse texto, é a expressão pragmática do sentimento, ou seja, o vate brasileiro integra ao seu discurso alguns clichês românticos, tais como a morte amorosa, o suicídio, a dor, distorcendo-os na situação cômica final por meio da qual deixa patente o exagero descomedido de algumas situações. Dito de outra maneira, Mario morre, sobressaindo seu amor, mas a vida continua para Silvia. Castro Alves, portanto, trazendo grandes símbolos literários para a alcova de Silvia e Mário, além de fazer uma paródia da morte amorosa, concede uma dignidade ímpar ao poeta e ao amor que sente no momento em que este liberta o ser amado. A morte castroalvina não encerra uma situação patética, como no caso de *Dalila* ou *Rolla*. Na verdade, ela inicia outro ciclo.

Compete aqui tecer algumas considerações sobre a paródia. Trata-se de mais um recurso da criação artística, por meio da qual a união de elementos velhos e novos propicia um recurso de desconstrução e reconstrução, erigidos em torno da ironia e da inversão, esvaziando o modelo e, consequentemente, preenchendo-o de aspectos próprios e originais. De acordo com Hutcheon,

> (...) a paródia pode ser transgressora, desestabilizadora, mas também pode ser conservadora, pois a mesma é, por natureza, uma transgressão autorizada. A paródia é, ao mesmo tempo, duplicação textual (que unifica e concilia) e diferenciação (que coloca em primeiro plano a oposição irreconciliável entre textos e entre texto e mundo) (HUTCHEON, 1985, p. 129).

A paródia, em geral, busca um rebaixamento, uma oposição, uma relativização do texto (ou de gênero) visado. Esse fato pode ser verificado, por exemplo, quando desde o começo

Silvia dá demonstrações (por meio do canto em contraposição à poesia) de que o objetivo é o confronto das fontes com o texto alvesiano. Desse modo, como escrita da ruptura, propõe-se um corte com os modelos anteriores, retomando-os de maneira invertida, destruindo para construir. Aqui o ataque se direciona, sobretudo, aos estereótipos e às características mais marcadas como, por exemplo, a morte amorosa, a fidelidade da mulher amada e a tragicidade da separação final.

O aproveitamento pode ser visto como uma denúncia do esgotamento, já evidente àquela época, de certos elementos da estética romântica.

> Os processos românticos, já na prosa, já no verso estavam esgotados. O sentimentalismo excessivo, que chegava por vezes ao pieguismo vulgar, o predomínio da imaginação, o subjetivismo avassalador, o transbordamento do eu, cansavam. Os temas se repetiam, a linguagem se descuidava, as concepções se tornavam convencionais (PACHECO, 1968, p. 13).

"Uma página de escola realista", escrito em 1870, carrega todos os elementos de um texto parodístico. Podemos considerá-lo, portanto, como estratégia de diálogo e continuação da tradição clássica que, ao ser reinventada, põe em cena a autorreflexão estética, propondo consequentemente, uma releitura, uma reescritura.

"Adeus"[14]

Je te bannis de ma mémoire,
Reste d´un amour insensé,
Mystérieuse et sombre histoire
Qui dormiras dans le passé!
Et toi qui, jadis, d´une amie
Portas la forme et le doux nom,
L´instant suprême ou je t´oublie,
Doit être celui du pardon.
Musset

Adeus! P'ra sempre adeus! A voz dos ventos
Chama por mim batendo contra as fragas.
Eu vou partir... Em breve o oceano
Vai lançar entre nós milhões de vagas...

Recomeço de novo o meu caminho
Do lar deserto vou seguindo o trilho...
Já que nada me resta sobre a terra
Dar-lhe-ei meu cadáver... sou bom filho!...

Eu vim cantando a mocidade e os sonhos,
Eu vim sonhando a felicidade e a glória!
Ai! Primavera que fugiu p'ra sempre,
Amor – escárnio!... lutulenta história!

Bem vês! Eu volto. Como vou tão rico...
Que risos n'alma! Que lauréis na frente...
Tenho por c'roa a palidez da morte,
Fez-se um cadáver – o poeta ardente!

---

14 Publicado no *Jornal da tarde* (RJ, 26 de novembro de 1869). Há uma versão autografada em Microfilme na Biblioteca Nacional com uma epígrafe retirada da poesia *Souvernir*, de Musset.

Adeus! P'ra sempre adeus! Quando alta noite,
Encostado à amurada do navio...
As vagas tristes... Que nos viram juntos
Perguntarem por ti num beijo frio,

Eu lhes hei de contar a minha história.
Talvez me entenda este sofrer do inferno
O oceano! O oceano imenso e triste,
O gigante da dor! O Jó eterno!

Fazia um ano. Era o dia
Do fatal aniversário...
Ergui-me da cova escura,
Sacudi o meu sudário...
Em meio aos risos e à festa
E às gargalhadas da orquesta,
Que eu tinha esquecido, enfim,
Tomei lugar!... Solitário
Quis rever o meu Calvárío
Deserto, tredo, sem fim!...

Sabes o que é sepultar-se
Um ano inteiro na dor...
Esquecido, abandonado,
Sem crença, ambição e amor...
Ver cair dia... Após dia,
Sem um riso d'alegria...
Sem nada... Nada... Jesus!
Ver cair noite após noite,
Sem ninguém que nos açoite...
Ninguém, que nos tome a Cruz?!

Ai! Não sabes! Nunca o saibas!...
Pois bem; imagina-o só...
E então talvez compreendas
A lenda escura de Jó.

II

Mon coeur, encore plein d'elle, errait sur son visage
Et ne la trouvait plus.
Musset

Porém de súbito acordou do ergástulo
O precito, que ali jazia há pouco...
E o pensamento habituado às trevas
Atirado na luz... – Pássaro louco!

Vi de repente o passado
Erguer-se em face de mim...
A rir... a rir, como espectro,
De uma ironia sem fim.

A orquestra, as luzes, o teatro, as flores
Tu no meio da festa que fulgura
Tu! Sempre a mesma! A mesma! Tu! Meu Deus!
Não morri neste instante de loucura...

Quebra-te pena maldita
Que não podes escrever
A horror de angústias e mágoas
Que então me viste sofrer.

A mesma fronte que amei outrora!
O mesmo riso que me vira um dia!
O mesmo olhar que me perdera a vida!
A mesma, a mesma, por quem eu morria!

Que saudades que eu tenho do passado,
Da nossa mocidade ardente e amante!
Meu Deus! Eu dera o resto de existência
Por um momento assim... Por um instante.

Mas não! Entre nós o abismo
Se estende negro e fatal...
— Jamais! – é palavra escrita
No céu, na terra, no val.

Eu – já não tenho mais vida!
Tu – já não tens mais amor!
Tu – só vives para os risos.
Eu – só vivo para a dor.

Tu vais em busca da aurora!
Eu em busca do poente!
Queres o leito brilhante!
Eu peço a cova silente!

Não te iludas! O passado
P'ra sempre quebrado está!
Desce a corrente do rio...
E deixa-o sepulto lá!

Viste-me... E creste um momento
Qu'inda me tinhas amor!
Pobre amiga! Era lembrança,
Era saudade... Era dor!

Obrigado! Mas na terra
Tudo entre nós se acabou!
Adeus! ... É o adeus extremo...
A hora extrema soou.

Quis te odiar, não pude. – Quis na terra
Encontrar outro amor. – Foi-me impossível.
Então bendisse a Deus que no meu peito
Pôs o germe cruel de um mal terrível.

Sinto que vou morrer! Posso, portanto,
A verdade dizer-te santa e nua,
Não quero mais teu amor! Porém minh'alma
Aqui, além, mais longe, é sempre tua.

Rio de Janeiro, 17 de novembro de 1869.
(ALVES, 1997, p. 447).

O poema apresenta dois excertos de Musset: a epígrafe retirada da última noite, "Nuit d'Octobre", e o verso, que inicia a segunda parte do texto (II), retirado de "Souvenir", escrito quatro anos depois do primeiro.

"Adeus" apresenta-se dividido em duas partes. A primeira compõe o momento de despedida do eu poético, no qual o despeito é delineado em função da epígrafe. O amante quer, a todo custo, esquecer a mágoa ocasionada por sua amada. No entanto, o ato de narrar seus dissabores à *Muse* já é prova que o amor não foi olvidado. O texto versa sobre a possível perfídia da mulher amada, por quem o eu poético nutre uma imensa mágoa. Porém, ao final da exposição de sua história, há o renascimento. No texto alvesiano, o adeus parte do eu lírico. Salvo a sugestão da traição, vinda de Musset, não se sabe a razão da separação dos amantes. O texto brasileiro nos leva a crer, em princípio, que o eu poético foi abandonado pela mulher amada. Pode-se deduzir, entretanto, a partir do verso "Amor- escárnio!... lutulenta história!", que o afastamento dos amantes foi ocasionado por um acontecimento torpe.

A sexta estrofe, iniciada pelo verbo no imperfeito "Fazia", elabora a reconstituição do passado, por meio da qual fica patente o sofrimento extremo do amante em decorrência da ausência da mulher amada. Há, inclusive, a comparação aos flagelos sofridos por Jó.[15]

A segunda parte, cujo preâmbulo é o verso mussetiano "Mon coeur, encore plein d´elle, errait sur son visage/ Et ne la trouvait plus", espelha o resgate da realidade. O eu poético vislumbra sua amada, altiva nos salões nobres da cidade, completamente alheia e indiferente a seu sofrimento. Apesar disso, a consciência da proximidade da morte, anunciada em "Sinto que vou morrer", confere plena liberdade à expressão dos sentimentos. Assim sendo, o amante confessa que sua "alma" pertencerá sempre à mulher amada, ao contrário do que se apresenta tanto no desfecho de "Nuit d´octobre", no qual o renascimento é simbolicamente representado pelo "rayon du soleil", manifestando-se assim a ânsia pelo recomeço, quanto no que ocorre em "Souvenir", onde o passado, quase fantasmagórico, ressuscita nos lugares por onde o eu lírico viveu com a mulher amada, terminando com a alma sofredora sendo entregue às mãos divinas.

Em "Adeus", a mulher é, de fato, um "être de fuite"[16] e, por essa razão, o tom do poema é lamurioso. O amante é uma vítima do abandono da mulher amada. O ato criador, metonimizado pela pena – "quebra-te pena maldita" – esboça o ato de escrever como mais uma forma de padecer por amor, tendo em vista que os dissabores limitaram sua capacidade expositiva. Apesar disso, na última estrofe, o amante se declara à mulher. Confessa não querer mais o amor físico, mas entrega-lhe a alma. Não finda o

---

15 Livro de Jó, do antigo testamento, narra a história de um homem íntegro que mesmo perdendo todos os bens e a família, sendo acometido de uma doença, não blasfemou e nem pós a prova sua fé em Deus.

16 Expressão utilizada por Marcel Proust no intuito de descrever Albertine Simonet.

texto com mágoa, rancor ou ódio, o que seria comum, dadas as circunstâncias. O sentimento ultrapassa o amor físico, sem, entretanto, negá-lo. Daí a frase "A verdade santa e nua". Há a união do imaterial sublime ("santa") e o carnal ("nua").

A "Nuit d´octobre" versa sobre a traição. A mulher é a *infidèle.* O poeta é, então, vítima do logro. O amor à *femme fatale* leva à solidão, à decepção e ao sofrimento: "C' est ta voix, c´est ton sourire/ c´est ton regard corrupteur", "C'est une femme à qui je fus soumis/ comme un serf à son maître". A concepção de amor, advinda das palavras da *Muse*, veste-se de aspectos religiosos, isto é, para provar a felicidade que o amor oferece é preciso purificar-se, ser digno dele "Si tu veux être aimé, respecte ton amour". A perfídia ocasiona, portanto, o rompimento amoroso e, consequentemente, o sofrimento. Nesse sentido, a poesia tem um tom rancoroso, ao passo que o sofrimento possui um valor revelador no ato da criação poética. O eu poético compreende sua tristeza como inerente ao amadurecimento humano, daí o renascimento na última estrofe da poesia. A relação amorosa é vista como mais um aspecto da natureza, e, nesse caso, é cíclica: perde-se um amor para viver outro.

Em "Souvenir", epílogo das "Nuits", a natureza está impregnada de sentimentos. O sofrimento cede lugar a uma emoção diante da lembrança do passado. A paixão, que nas "Nuits" expressava mágoa e rancor, é transfigurada em serenidade. O amante se dá conta da futilidade de suas lamúrias e vê o amor como fonte de vida, e a felicidade, idealizada, é a única sobrevivente por meio da memória.

O trecho "mon coeur, encore plein d´elle, errait sur son visage/ Et ne la trouvait plus", na verdade, contrasta com o restante do texto alvesiano, uma vez que o eu poético assegura:

A mesma fronte que amei outrora!
O mesmo riso que me vira um dia!
O mesmo olhar que me perdera a vida!
A mesma, a mesma, por quem eu morria!

Se o sofrimento em Musset faz o poeta enxergar a amante como uma "femme inconnue/ froide statue", em Castro Alves não inibe o deslumbre diante do ser amado. Nesse lastro de pensamento, como definir a natureza da presença francesa? No caso da epígrafe, além da sugestão da infidelidade, de conhecimento dos leitores[17] de Musset, fica o perdão exposto publicamente. Todavia, diferente do poeta francês, a relação amorosa é uma experiência de vida associada diretamente à cumplicidade, e não à posse. Nesse sentido, o abandono, e não a perfídia, configura o verdadeiro causador do sofrimento. Nosso poeta desenha ainda um amor que carrega um sentido absoluto em si mesmo, e não no ser amado, do que decorre a comunhão de almas, insinuada no final do texto.

No caso do verso retirado de "Souvenir", tendo em vista o contraste mencionado nas linhas anteriores, fica a valorização da memória como legado do ato amoroso, tendo em vista que é este o verso que inicia o resgate da realidade por parte do poeta. O eu poético, ao rever a mulher amada, sente-se invadido de saudade. No entanto, se no texto francês o adultério é o empecilho ao amor, em "Adeus" é a morte que impede o recomeço.

---

17 Cumpre mencionar que a própria noção de intertextualidade pressupõe um leitor que conhece as referências trazidas à baila. Desse modo, os leitores mencionados aqui e nas passagens posteriores configuram o leitor ideal "(...) afinal compreender um signo consiste em aproximar o signo apreendido de outros signos já conhecidos; em outros termos, a compreensão é uma resposta a um signo por meio de signos". (BAKHTIN, 2010, p. 34).

Isto posto, a presença francesa nesse caso limita-se às sugestões veladas, advindas de ideias preconcebidas pelos leitores de Alfred de Musset: de amor, de traição, de mulher, da criação poética. Contudo, o escritor brasileiro, de forma ardilosa, retrabalha as imagens mussetianas de forma a concebê-las de modo mais próximo a sua concepção, na qual o amor é mais livre, menos religioso e menos atrelado às convenções sociais ou opiniões públicas.

A apropriação dos textos franceses demonstra cabalmente que o poeta brasileiro busca elementos de partida para o poema (ausência, traição), nos quais a figura feminina é vista de modo a lhe dar um contorno vil e traiçoeiro.

O poema se nutre, portanto, de lugares comuns do romantismo (inconstância, traição, entrega algo masoquista à presença feminina). Aqui, Castro Alves mostra – de modo evidente – sua adesão a um conjunto de fórmulas estereotipadas.

“Em que pensas?”[18]

Oh! Pepita, charmante fille
Mon amour, à quoi penses-tu?
ALF. DE MUSSET.

TU PENSAS na flor que nasce
Menos bela do que tu!
Na borboleta vivace
Beijando teu colo nu!

No raio da lua algente
Que bebe no teu olhar...
Como um cisne alvinitente
No cálix do nenufar.

18 Publicado nas *Poesias* (1913).

Nas orvalhadas cantigas
Destas selvagens manhãs...
Nas flores - tuas amigas!
Nas pombas - tuas irmãs!

Tu pensas, ó Fiorentina,
No gênio de teu país...
Que uma harpa soberba afina
Em cada seio de atriz.

Na esteira de luz que arrasta
A glória no louco afã!
Nos diademas da Pasta...
Nas palmas de Malibran!

Pensas nos climas distantes
Que um sol vermelho ueimou...
Nesses mares ofegantes
Que o teu navio cortou!

Na bruma que lá s'escoa...
Na estrela que morre além...
Na Santa que te abençoa,
Na Santa que te quer bem!...

Tu pensas n'Arte sagrada,
Nesta severa mulher...
Mais que Débora inspirada...
Mais rutilante que Ester.

Tu pensas em mil quimeras,
Nos orientes do amor.
No vacilar das esferas
Pelas noites de languor.

Nalgum sonho peregrino
Que o teu ideal criou.
Na vassalagem, no hino...
Que a multidão te atirou!

Neste condão que teus dedos
Têm de domar os leões...
No pipilar de uns segredos,
No musgo dos corações...

No livro - que tens no colo!
Nos versos - que tens aos pés!
Nos belos gelos do pólo...
Como teus seios cruéis.

Pensas em tudo que é belo,
Puro, brilhante, ideal...
No teu soberbo cabelo!
No teu dorso escultural!

Nos tesouros de ventura
Que a um'alma podias dar;
No alento da boca pura...
Na graça do puro olhar...

Pensas em tudo que é nobre,
Que entorna luz e fulgor!
Nas minas, que o mar encobre!
Nas avarezas do amor!

Pensas em tudo que invade
O seio de um Querubim!...
Deus! Amor! Felicidade!...
...Só tu não pensas em mim!...

S. Salvador, 1 de junho de 1871 (ALVES, 1997, p. 501).

A epígrafe pertence à poesia "À Pepa", das *Premières Poésies,* de Musset. Nela o eu lírico se questiona sobre os possíveis pensamentos de sua amada, descrita como um ser de coração "naïf":

> Quand le sommeil sur ta famille
> Autour de toi s'est répandu;
> Ô Pepita, charmante fille,
> Mon amour, à quoi penses-tu?[19]

É, pois, o terceiro verso da estrofe acima que inicia, sob a forma de epígrafe, o poema brasileiro. A imaginação do eu lírico, alimentada por sua curiosidade, limita-se ao conhecimento das reflexões feitas pela jovem Pepita. No caso de "Em que pensas", o erotismo, advindo da descrição física da moça, "Beijando teu colo nu", "Como teus seios cruéis", "No teu soberbo cabelo", "No teu dorso escultural", "No alento da boca pura...", "Na graça do puro olhar...", reforça o desejo físico pela moça. O leitor é convidado a decodificar as sinédoques do amor nessa sucessão imagética de elementos de partes do corpo. Nota-se, então, um equilíbrio entre a inocência e o sensualismo, o que não se observa em Musset.

As descrições são diferentes entre si. Em "À Pépa", ela dirige-se mais aos traços morais e menos aos físicos: "charmant", "Naïf", "tendres"; as atitudes apresentam-se como mais importantes que a aparência: "tu t'inclines pour prier à Dieu", "Au moment d'ôter ta cornette". Trata-se, portanto, de uma imagem destituída de impressões íntimas, com forte apelo religioso. Já no texto de Castro Alves, a Pépa, que, no contexto francês, pensa

---

19 Quando o sono sob tua família
Em torno de ti se expandiu
Ô Pepita, moça encantadora,
Meu amor, em que tu pensas? (Tradução nossa)

em heroínas de romances, vestidos, maridos ou, talvez, em nada, pode estar pensando na "Arte Sagrada", "em tudo que é nobre", "Nas avarezas do amor", "Na esteira de luz que arrasta / A glória no louco afã!", "Nas palmas de Malibran",[20] "Nesta severa mulher.../ mais que Debora inspirada... / Mais rutilante que Ester".

Os últimos nomes citados são duas personagens bíblicas de forte expressão. A primeira, Débora, está em "Juízes", capítulo 4, mulher de extraordinário conhecimento das Escrituras Sagradas, sendo por isso qualificada a julgar as pessoas de acordo com as leis de Deus. A segunda, cuja história é narrada no livro de "Ester", dada sua condição de imperatriz da Pérsia, evitou a extermínio dos judeus.

No texto brasileiro, a mulher é vista em sua totalidade. Por essa razão, a citação dessas duas fortes personagens explicita, por exemplo, certa identificação. Nesse sentido, a mulher não é apenas fonte de desejo: ela conjectura sobre a história e a relevância de outras mulheres.

Se no final do texto mussetiano fica a sugestão do pensar "à moi" ou "à rien", no alvesiano ela pensa "em tudo", porém apenas ela "não pensa em mim!". O último verso do texto francês principia com "Peut-être", expressando incerteza, inexatidão, insegurança, ao passo que o brasileiro finaliza com uma afirmação que expressa, entretanto, despeito.

Vemos mais uma vez o referente mussetiano ganhar nova vida nos escritos de Castro Alves. O mistério e a curiosidade sugeridos no texto francês servem de pretexto para a definição de uma nova figura feminina, mais sensual, mais independente. Em "Em que pensas" a mulher também é fonte de desejo e seus

---

20 Maria Felicia Garcia, celebre cantora francesa, de origem espanhola.

pensamentos configuram, do mesmo modo, um enigma ao eu poético. No entanto, seu traço peculiar está no fato de ter a autonomia de "pensar em tudo" e não querer "pensar em mim".

Por meio das antecipações amorosas da figura feminina, o "eu lírico" busca incorporar à mulher elementos tomados de várias fontes (Bíblia, Pintura, Teatro) no intuito de enfatizar sua "pequenez" e garantir o efeito das frases finais do poema.

Dessa maneira, a citação de Musset se incorpora ao fato de se magnificar a mulher e seus encantos, em detrimento da voz que reclama para si as lembranças culturais.

"O derradeiro amor de Byron"[21]

Et, puisque tôt ou tard l'amour humain s'oublie,
Il est d'une grande âme et d'un heureux destin?
D'aspirer comme toi pour un amour divin!
ALFRED DE MUSSET

I
NUM DESSES dias em que o Lord errante
Resvalando em coxins de seda mole...
A laureada e pálida cabeça
Sentia-lhe embalar essa condessa,
Essa lânguida e bela Guiccioli ...

II
Nesse tempo feliz... em que Ravena
Via cruzar o Child peregrino,
Dos templos ermos pelo claustro frio...
Ou longas horas meditar sombrio
No túmulo de Dante — o Gibelino...

21 Publicado nas *Espumas Flutuantes* (ed. De Serafim José Alves, RJ, 1881).

III
Quando aquela mão régia de Madona
Tomava aos ombros essa cruz insana...
E do Giaour o lúgubre segredo,
E esse crime indizível do Manfredo
Madornavam aos pés da Italiana ...

IV
Numa dessas manhãs... Enquanto a moça
Sorrindo-lhe dos beijos ao ressábio,
Cantava como uma ave ou uma criança...
Ela sentiu que um riso de esperança
Abria-lhe do amante lábio a lábio...

V
A esperança! A esperança no precito!
A esperança nesta alma agonizante!
E mais lívida e branca do que a cera
Ela disse a tremer: — "George, eu quisera
Saber qual seja... a vossa nova amante".

VI
— "Como o sabes?..." — "Confessas?" — "Sim! confesso..."
— "E o seu nome..." — "Qu'importa?" — "Fala Alteza!..."
— "Que chama douda teu olhar espalha,
És ciumenta?..." — "*Mylord*, eu sou de Itália!"
— "Vingativa?..." — "*Mylord*, eu sou Princesa!..."

VII
— "Queres saber então qual seja o arcanjo
Que inda vem m'enlevar o ser corruto?
O sonho que os cadáveres renova,
O amor que o Lázaro arrancou da cova
O ideal de Satã?..." — "Eu vos escuto!"

VIII
— "Olhai, Signora... além dessas cortinas,
O que vedes?..." — "Eu vejo a imensidade!..."
— "E eu vejo. .. a Grécia... e sobre a plaga errante
Uma virgem chorando..." — "É vossa amante?..."
— "Tu disseste-o, Condessa!" É a Liberdade!!!..."

Santa Isabel, 21 de agosto de 1870.
(ALVES, 1997, p.301)

A epígrafe foi retirada da poesia "À la Malibran", de Alfred de Musset, escrita por ocasião da morte de Maria Felícia Garcia Sitches, cantora lírica francesa que se tornou célebre no século XIX e cuja morte decorreu de uma queda acidental de cavalo. O início do texto é exatamente o final da poesia francesa, no qual o eu lírico expressa sua admiração pela cantora. Segundo ele, esta teria aspirado por um amor divino. Isto porque, após o acidente, Malibran recusou-se a procurar um médico e continuou cantando mesmo sentindo muita dor. Ela continuou, portanto, exercendo seu ofício até o fim. Este seria, pois, o amor divino, o canto.

"O derradeiro amor de Byron", no entanto, como faz supor o título, versa a respeito do poeta inglês. No corpo do texto, Teresa Guiccioli, aristocrata italiana, sua última paixão, questiona-o sobre sua nova amante. Após algumas delongas, ele responde: "É a liberdade!!!".[22]

O final do poema brasileiro articula-se perfeitamente à epígrafe francesa, tendo em vista que, assim como Malibran,

22 Vale lembrar que o termo liberdade, entabula, no momento, também uma dimensão/conotação política, o que implica conflito entre interesses, como atesta Hobsbawn (1981, p. 73).

Byron padeceu por um ideal maior. Como já mencionado, o poeta partiu para a Grécia com o intuito de lutar na guerra, no entanto, adquiriu uma febre e morreu.

Desse modo, o texto alvesiano, como em tantas outras vezes, expressa uma produção pessoal. O vate brasileiro aproveita-se de duas situações que poderiam ampliar o campo de alcance de seus textos, a saber: a língua francesa, por intermédio da epígrafe mussetiana, e um nome conhecido mundialmente, o de Byron.

Não obstante os termos acima referidos, o papel de prestígio, por conta da relevância com que se apresenta, é concedido à epígrafe francesa. Porque o autor não raptou, tendo em vista o título do poema, um excerto de Byron? Cumpre mencionar, entretanto, que existe a menção a três obras byronianas: *Childe Harold's Pilgrimage*, longo poema dividido em quatro partes cuja narrativa gira em torno das peregrinações de um herói desiludido, que procura distrações em terras estrangeiras; *The Giaour*, jovem que após vingar-se da morte de sua amada, Leila, atirada ao mar dos infiéis, por Hassan, conforme costume turco, está condenado a se tornar vampiro; e *Manfred*, que sentindo-se culpado pela morte de sua amada, invoca os espíritos com o intuito de esquecê-la.

Para formarmos uma ideia a esse respeito e, consequentemente, respondermos à questão supracitada, faz-se necessário compreender a relação estabelecida, primeiramente, entre o Byronismo e a cultura brasileira, e, num segundo momento, a influência do escritor inglês em relação à nação francesa.

Onédia Célia de Carvalho Barboza, em *Byron no Brasil, traduções*, elenca o campo de alcance do byronismo nos seguintes termos:

> As obras de Byron que melhor desenvolvem o mito byroniano são *Childe Harold's Pilgrimage*, um longo poema lírico-descritivo, e os contos metrificados: *The Giaour, The Bride of Abydos, The Corsair, Lara, The Siege of Corinth, Parisina, Mazeppa.* Essas são as mais representativas; mas inúmeras outras se ligam a elas pelo espírito e intensão: *Manfred*, os dramas históricos, os dramas bíblicos, e sua obra lírica em geral.
> *Childe Harold's Pilgrimage*, e os chamados "tales", que narram histórias de amor, vingança e morte em ambientes exóticos- *The Giaour, The Bride of Abydos, The Corsair e Lara-* foram em seu tempo verdadeiros – Best-sellers. Byron escrevia para seu público. Desde que alcançara popularidade literária com a publicação dos dois primeiros cantos de *Childe Harold's Pilgrimage*, sabia que seria lido, e ia então ao encontro do gosto dos leitores, oferecendo-lhes exatamente o que queriam (BARBOZA, 1975, p. 17).

No caso singular da França, a autora assegura:

> Na França, onde mais do que em qualquer outro país, a "febre byroniana" atacou de forma violenta, o byronismo constituiu elemento importantíssimo. A história de Byron na França, cuidadosamente estudada em todas suas etapas na tese de Edmond Estève confunde-se com a própria história do Romantismo francês (BARBOZA, *op. cit.*, p. 20).

Concebemos, portanto, nesse caso, a presença byroniana consubstanciada à francesa. Ciente da proeminência do poeta inglês e da estreita afinidade deste com os escritos franceses, nosso bardo não poderia eximir-se de mencioná-lo mesmo relacionando-o, como o fez por meio da epígrafe mussetiana e da comparação com Malibran, à cultura gálica. Ademais, a mulher é trabalhada como alegoria (virgem errante e que chora) da Grécia. Nesse sentido, a imagem esboçada na epígrafe e no poema converte-se em mote para a caracterização da relação de Byron com a vida. Nesse sentido, mesmo a menção ao poeta inglês está impregnada da presença francesa, que tem sua relevância expressa, em princípio, pela epígrafe, e, num segundo momento, pelo exemplo de Malibran, exposto no texto francês, cujo amor pela vocação ultrapassava até mesmo o instinto de sobrevivência. A memória da morte de Malibran, reiterada no texto alvesiano, enaltece o feito byroniano, vestindo-o de um sentido metafísico e definindo a busca pela liberdade como axiomática.

"A Maciel Pinheiro"

Castro Alves só teve acesso ao texto de Bouchard, citado em epígrafe de "A Maciel Pinheiro", por meio da obra de Lamartine. O autor aparece, portanto, apenas uma vez na obra alvesiana. Pode-se concluir com isso que sua presença não é tão relevante quanto a dos demais autores. No entanto, é preciso considerar a relação estabelecida entre os intertextos advindos da leitura do escritor das *Premières Méditations Poétiques.*

A importância de Lamartine na obra alvesiana não se deve propriamente a uma questão quantitativa. Decorre, sobretudo, da maneira pela qual é constantemente reiterado. Em "Menina moça" (ALVES, 1997, p. 469), existe a alusão à personagem Graziela, do romance homônimo. "Impressões de leituras das poesias do Sr. A. A. de Mendonça" (*op. cit.*, p. 668), apresenta a frase "os cantos etéreos de Lamartine" e já Lamartine havia dito: "Há mais política num canto de Homero, do que nas utopias de Platão" (*op.cit.*, p. 682), ao passo que em "A Luis" (*op.cit*, p. 159) ganha corpo a expressão o "triste Lamartine". Finalmente, em "Poeta" (*op.cit*, p. 439), além da epígrafe, a terceira estrofe esboça o "Lamartine terno". Sem esquecer, é claro, da tradução de "Elégie" (*op.cit*, p. 524) e, é preciso mencionar, a possível fonte para o título das *Espumas Flutuantes* que, de acordo com Fausto Cunha "É muito provável que Castro Alves haja bebido seu título na écume flottante des mers de Lamartine (Harmonies, I, Poésie)" (1971, p. 105). De modo diferente dos demais autores, as alusões lamartinianas carregam geralmente um adjetivo vestido de apego e sentimentalismo.

"A Maciel Pinheiro"

Dieu soit en aide au pieux pèlerin.
Bouchard

Partes amigo do teu antro de águias,
Onde gerava um pensamento enorme,
Tingindo as asas no levante rubro,
Quando nos vales inda a sombra dorme...
Na fronte vasta, como um céu de ideias,
Aonde os astros surgem mais e mais...
Quiseste a luz das boreais auroras...
Deus acompanhe o peregrino audaz.

Verás a terra da infeliz Moema,
Bem como a Vênus se elevar das vagas;
Das serenatas ao luar dormida,
Que o mar murmura nas douradas plagas.
Terra de glórias, de canções e brios,

Esparta, Atenas, que não tem rivais...
Que, à voz da pátria, deixa a lira e ruge...
Deus acompanhe o peregrino audaz.

E quando o barco atravessar os mares,
Quais pandas asas, desfraldando a vela,
Há de surgir-t'esse *gigante imenso*,
Que sobre os morros campeando vela...
Símb'lo de pedra, que o cinzel dos raios
Talhou nos montes, que se alteiam mais...
Atlas com a forma do gigante povo...
Deus acompanhe o peregrino audaz.

Vai nas planícies dos infindos pampas
Erguer a tenda do soldado vate...
Livre... bem livre a Marselhesa aos ecos
Soltar bramindo no feroz combate...
E após do fumo das batalhas tinto
Canta essa terra, canta osbseus gerais,
Onde os gaúchos sobre as éguas voam...
Deus acompanhe o peregrino audaz.

E nesse lago de poesia virgem,
Quando bolares nas sutis espumas,
Sacode estrofes, qual do rio a garça
Pérolas solta das brilhantes plumas.
Pálido moço-como o bardo errante—
Teu barco voa na amplidão fugaz.
A nova Grécia quer um Byron novo...
Deus acompanhe o peregrino audaz.

E eu, cujo peito como u'a harpa homérica
Ruge estridente do que é grande ao sopro,
Saúdo o artista, que ao talhar a glória,

Pega da espada, sem deixar o escopro.
Da caravana guarda a areia a pégada:
No chão da história o passo teu verás...
Deus, que o Mazeppa nos estepes guia...
Deus acompanhe o peregrino audaz.

Recife, 1865 (ALVES, 1997, p. 110)

O nome Bouchard, mencionado na epígrafe, foi retirado, possivelmente,[23] da poesia "Utopie", de Lamartine, na qual vislumbramos a nota:

> M. Bouchard , jovem poeta de grande esperança e alta filosofia, havia dirigido ao autor uma ode sobre o futuro do mundo, cuja estrofe acabava com esse verso: Filho dos mares, você não está vendo nada? (LAMARTINE, 1954, p. 89, Tradução nossa).[24]

M. Bouchard enviou ao poeta francês dois poemas: "L´avenir politique en 1837" e "Sur son Voyage en Orient en 1833". O primeiro deles serviu de mote à poesia lamartiana "Utopie", de onde Castro Alves retirou a epígrafe "Dieux soit en aide au pieux pèlerin". Desse modo, os três textos franceses apresentam relação com o brasileiro.

No primeiro texto de Bouchard, "L´avenir politique em 1837" o eu lírico desmotivado compara a humanidade a um "(...) vaisseau qui marche sans boussole". A pergunta corrente ao final

---

23 Não encontramos as poesias em outras obras.

24 M. Bouchard, jeune poète de grande esperance et de haute philosophie, avait adressé à l´auteur une ode sur l´avenir politique du monde, dont chaque strophe finissait par ce vers: Enfant de mers, ne vois-tu rien là--bas? (LAMARTINE, 1954, p. 89).

de cada estrofe, conforme apontamos acima, é dirigida ao rapaz do mastro. Na última estrofe compara-se o rapaz ao poeta:

> Este jovem, sentinela ardente,
> É você, poeta do olhar devorador.
> Quando a tripulação de joelhos chora e reza,
> Quando os marinheiros e os pilotos estão cansados,
> Amado profeta, Deus por sua voz clama a eles:
> — Ande sempre, a felicidade está aí!
> (BOUCHARD apud LAMARTINE, 1954, p. 496, tradução nossa).[25]

No segundo "Sur son Voyage en Orient en 1833", por seu turno, é exposta claramente a função do *génie*:

> Deus ajude o peregrino piedoso!
> Nesta Grécia com território em chamas,
> Lance, ó poeta, um raio do futuro.
> (BOUCHARD apud LAMARTINE, 1954, p. 501, tradução nossa)[26]

O gênio é descrito como portador de uma missão na terra, ou seja, ele é o detentor de verdades inacessíveis por estar

---

25 Ce jeune mousse, ardente sentinelle,
C'est toi, poète au dévorant regard.
Quand l'équipage à genoux pleure et prie,
Quand matelots et pilote sont là-bas,
Prophète aimé, Dieu par ta voix leur crie:
"Marchez toujours, le bonheur est là-bas!"
(BOUCHARD apud LAMARTINE, 1954, p. 496).

26 Dieu soit en aide au pieux pèlerin!
Sur cette Grèce au brûlant territoire,
Jette, ô poëte, un rayon d'avenir.
(BOUCHARD apud LAMARTINE, *op. cit.*, p. 501).

mais próximo à divindade. Nesse sentido, sua função é mediar o diálogo entre o divino e os homens, inclusive lançando esse olhar à posteridade.

O texto "Utopie" lança uma grande crítica à humanidade: "L'égoïsme, étroite pensée/ Qui hait tout pour n´adorer qu´un./ Honte à nous! Honte à toi/ La guerre, ce grand suicide,/ Ce meurtre impie à mille bras. Continua fazendo o pedido: "Servons l'humanité, le siècle, la patrie(...)". Ao final, justifica: "Il faut se séparer, pour penser, de la foule, / Et s'y confondre pour agir" (*op. cit.,* p. 89-98). Pode-se perceber que o tema dos três poemas é similar e dialoga densamente com o texto brasileiro. Em síntese, todos versam sobre o século, a guerra e o Oriente.

O texto brasileiro é dedicado a Maciel Pinheiro, estudante de direito com quem Castro Alves travou relações. A poesia registra o momento em que aquele se inscreve como voluntário na Guerra contra o Paraguai. É, portanto, a esse jovem, que esteve preso por apoiar ideais republicanos e abolicionistas, que nosso poeta compara o peregrino.

O período descrito é, então, o da Guerra do Paraguai, que teve consequências dramáticas para os vencidos. A população paraguaia foi dizimada e os brasileiros, por sua vez, além de assistirem ao aumento brutal da dívida externa, também presenciaram o fortalecimento do exército, então transformado em verdadeira instituição. O fim da guerra representou para o regime monárquico brasileiro o enfraquecimento do apoio concedido pelo Exército. Os soldados, ao regressarem

> (...) orgulhosos "com seus feitos" a profissão das armas tornava-se uma forma de ascensão social e ganhava uma representatividade social descabida na política do Império. Ao mesmo tempo, acos-

> tumados a conviver com soldados libertos negros, os militares passavam a negar-se, sistematicamente, a assumir a antiga função que lhes era reservada: capturar escravos fugidos. Enfim, o Exército acumulava descontentamentos com o Império e desejos destrutivos em relação a este. Das suas fileiras sairiam simpatizantes da Abolição e da República. (SCHWARCZ, 1999, p. 314).

O assunto gera, então, uma celeuma entre os intelectuais da época. Vários foram os escritos a esse respeito. No mesmo ano de "A Maciel Pinheiro", nosso poeta, além de se alistar como voluntário no batalhão acadêmico para a guerra do Paraguai, recita o poema "Aos estudantes voluntários", no teatro Santa Isabel, o qual termina da seguinte maneira:

> Que importa os raios trovejem
> Nas florestas de existir
> Parti, pois! Homens do livro!
> Podeis ousados partir! Pois sereis..., vindo com glória,
> Ou morrendo na vitória...
> Homens do livro da História
> Dessa bíblia do porvir! (ALVES, 1997, p. 404).

Salienta, desse modo, a importância do alistamento, assim como deixa claro quem é o oponente. Sob esse mesmo viés, faz apelo à figura de Napoleão:

> Assim sois vós!... nem se pense
> Que o livro enfraquece a mão.
> Troca-se a pena com o sabre,
> Ontem – Numa... hoje – Catão...

É o mesmo... Se a pena é a espada
Por mão de Homero vibrada,
Com o gládio- europeia ousada
Traça mundos- Napoleão...
(ALVES, *op. cit.*, p. 404).

A guerra exposta no poema francês é a da Grécia contra a invasão turca ("Sur cette Grèce brûlant territoire"). De acordo com texto, nesse país "chaque pierre est un feuillet d´histoire", ou seja, durante o século XIX, o Oriente ganhou especial atenção por parte dos intelectuais, isso tanto em decorrência desse conflito quanto do espaço ocupado pela Grécia Antiga no imaginário europeu. O episódio do massacre de Chios, por exemplo, originou o conhecido quadro de Delacroix, "Scène des massacres de Scio", exposto no Salon de 1824. Outros tantos artistas demonstraram suas tendências orientais. Victor Hugo batizou uma coletânea de poemas de *Les Orientales* (1829). Convém lembrar, ainda, o episódio de Lord Byron, que partiu para lutar na guerra de independência grega. Com efeito, essa viagem ao Oriente torna-se uma etapa necessária ao desenvolvimento cultural dos intelectuais. Isso explica o verso "(...) Va/ Pour agrandir ton essor poétique". Em outras palavras, o poeta precisa conhecer essas terras e escrever sobre elas para amadurecer sua obra.

"A Maciel Pinheiro", assim como o texto de Bouchard, termina cada estrofe com o mesmo verso, "Deus acompanhe o peregrino audaz". Todavia, nosso poeta troca o "piedoso" por "audaz". Além disso, no texto francês, o peregrino é Lamartine e a viagem é ao Oriente. No brasileiro, Maciel Pinheiro é o viajante e o destino é o sul do Brasil.

É evidente a recontextualização dos referentes, desde a tradução da epígrafe, transferida para o final de cada estrofe, à redefinição do viajante e do destino final. A proposta alvesiana torna-se inteligível por meio do verso "A nova Grécia quer um Byron novo (...)". Nesse caso, vale esclarecer, que "Nova Grécia" seria o Brasil. Já o "Byron novo", podemos sinalizar como sendo Maciel Pinheiro. O mesmo ocorre quando o eu lírico profere: "Livre... bem livre a Marselhesa aos ecos (...)". Trata-se da expressão simbólica do hino que figurou como um grito de liberdade contra a opressão. Por essa razão, o escritor brasileiro lança mão de um referente culturalmente conhecido e veste-o de sua história.

Comparar o Brasil à Grécia, Byron a Maciel Pinheiro, assim como aludir ao hino nacional francês e à epígrafe de Bouchard, foi, portanto, o artifício utilizado para dar ares de importância à situação histórica vivida, bem como convencer o leitor, e aí figura a importância das imagens já cristalizadas, que o Brasil seria a vítima. Aos estudantes, desse modo, caberia uma atitude de desprendimento à semelhança da manifestada pelo escritor inglês.

Mencionar a Grécia, Lord Byron e a Marselhesa, não configura, portanto, algo novo. Nosso poeta pede respaldo a esses clichês, fortalecidos ao longo da história, com o objetivo de envolver o leitor e de convencê-lo, de posicionar o Brasil, a partir da comparação com essas memórias existentes, em uma situação histórica autônoma. Prova disso é o fato de articulá-las às experiências do próprio país, introduzindo dados da cultura local como o nome Moema, a região dos "infindos pampas" e os "gaúchos [que] sob as éguas voam", além, é claro, do próprio contexto histórico.

Esse procedimento já foi usado no texto "A criança" feito a partir de "L'Enfant", de Victor Hugo, que versa justamente sobre a guerra na Grécia. No entanto, a referência francesa é completamente recontextualizada em função do contexto brasileiro, arraigada de dados nacionais, tais como o negro e a sua situação no período:

"A CRIANÇA"

Que veux-tu, fleur, beau fruit, ou l'oiseau
merveilleux?
Ami, dit l'enfant grec, dit l'enfant aux yeux bleus,
Je veux de la poudre et des balles.
VICTOR HUGO (Les Orientales)

Que tens criança? O areal da estrada
Luzente a cintilar
Parece a folha ardente de uma espada.
Tine o sol nas savanas. Morno é o vento.
À sombra do palmar
O lavrador se inclina sonolento.

É triste ver uma alvorada em sombras,
Uma ave sem cantar,
O veado estendido nas alfombras.
Mocidade, és a aurora da existência.
Quero ver-te brilhar.
Canta, criança, és a ave da inocência.

Tu choras porque um ramo de baunilha
Não pudeste colher,
Ou pela flor gentil da granadilha?
Dou-te, um ninho, uma flor, dou-te uma palma,
Para em teus lábios ver
O riso — a estrela no horizonte da alma.

Não. Perdeste tua mãe ao fero açoite
Dos seus algozes vis.
E vagas tonto a tatear à noite.
Choras antes de rir... pobre criança!...
Que queres, infeliz?...
— Amigo, eu quero o ferro da vingança.
(ALVES, 1997, p. 238).

"L'ENFANT"

Les turcs ont passé là. Tout est ruine et deuil. Chio, l'île des vins, n'est plus qu'un sombre écueil,
Chio, qu'ombrageaient les charmilles, Chio, qui dans les flots reflétait ses grands bois,
Ses coteaux, ses palais, et le soir quelquefois Un chœur dansant de jeunes filles.

Tout est désert. Mais non : seul près des murs
[noircis.]
Un enfant aux yeux bleus, un enfant grec, assis,
Courbait sa tête humiliée :

Il avait pour asile, il avait pour appui
Une blanche aubépine, une fleur, comme lui Dans le grand ravage oubliée.

Ah! pauvre enfant, pieds nus sur les rocs
[anguleux!]
Hélas ! pour essuyer les pleurs de tes yeux bleus
Comme le ciel et comme l'onde,
Pour que dans leur azur, de larmes orageux,
Passe le vif éclair de la joie et des jeux,
Pour relever ta tête blonde,

Que veux-tu? Bel enfant, que te faut-il donner
Pour rattacher gaîment et gaîment ramener
En boucles sur ta blanche épaule Ces cheveux, qui du fer n'ont pas subi l'affront,
Et qui pleurent épars autour de ton beau front, Comme les feuilles sur le saule?

Qui pourrait dissiper tes chagrins nébuleux ? Est-ce d'avoir ce lys, bleu comme tes yeux bleus,
Qui d'Iran borde le puits sombre ?
Ou le fruit du tuba, de cet arbre si grand, Qu'un cheval au galop met, toujours en courant,
Cent ans à sortir de son ombre ?
Veux-tu, pour me sourire, un bel oiseau des bois,
Qui chante avec un chant plus doux que le
[hautbois,]
Plus éclatant que les cymbales ?
Que veux-tu ? fleur, beau fruit, ou l'oiseau
[merveilleux ?]
- Ami, dit l'enfant grec, dit l'enfant aux yeux bleus,
Je veux de la poudre et des balles.
8-10 juillet 1828
(HUGO, 1864, p. 637)

Em "A Maciel Pinheiro", Castro Alves expôs sua habilidade em readaptar os referentes já conhecidos com um desembaraço difícil de ser atingido. Tornava-se imperioso conferir identidade própria e foro nacional a uma cultura egressa do sistema colonial. Nesse sentido, dada a realidade histórica, vislumbrou-se na França um reduto pelo qual o país poderia espelhar-se e projetar o seu futuro. A necessidade de autoafirmação seguiu, então, duas vertentes: de um lado, o distanciamento de Portugal e a consequente aproximação da Europa; de outro, a criação de uma literatura nacional, tendo como base elementos já expostos na tradição, trazendo-os para a sua realidade (aspecto esse em que reside a sua originalidade), a mesma que lhe permitiu o desenvolvimento de uma leitura de mundo, cujas bases de repouso buscavam frequentemente o amparo dos signos presentes na cultura e na formação histórica brasileira, tais como a Guerra do Paraguai, Moema, os pampas e Maciel Pinheiro. Todavia, o poeta não pode se alhear das reminiscências greco-latinas. O poema não caminha numa só direção: a coragem e o brio são também buscados nos povos da antiguidade. Isso cria certo movimento pendular na obra: o valor bélico moderno se confunde com o antigo, preparando talvez, o verso "A nova Grécia que um Byron novo" cujo ponto principal é a bravura a ser repetida.

Bouchard praticamente desaparece, ou melhor, se transforma para que o estilo hugoano prevaleça, tendo em vista que os três textos franceses dialogam como o tema do orientalismo, corporizado, sobretudo pelo escritor de *Les Misérables*. Porém em "A Maciel Pinheiro" o fundo histórico é o brasileiro.

"Poeta"[27]

Meditar é trabalhar. Pensar é obrar.
O olhar fito no céu é uma obra.
V. HUGO.

L'univers est le temple, et la terre autel.
Les cieux sont le dôme; et les astres sans nombre
Sont les sacrés flambeaux pour ce temps allumés.
LAMARTINE.

POETA, às horas mortas que o cálice azulado
— Da etérea flor — a noite — debruça-se pra o mar,
E a pálida sonâmbula, cumprindo o eterno fado,
As gazas transparentes espalha do luar,

Eu vi-te ao clarão, trêmulo dos astros lá n'altura
Pela janela aberta às virações azuis,
— A amante sobre o peito sedento de ternura,
A mente no infinito sedenta só de luz.

Perto do candelabro teu Lamartine terno
À tua espera abria as folhas de cetim;
Mas tu lias no livro, onde escrevera o Eterno
Letras — que são estrelas — no céu — folha sem fim

Cismavas... de astro em astro teu pensamento errava
Rasgando o reposteiro da seda azul dos céus:
E teu ouvido atento... em êxtase escutava
Nas virações da noite o respirar de Deus.

O oceano de tua alma, do crânio transbordando,

27 Publicado nas *Obras Completas*.

Enchia a natureza de sentimento e amor,
As noites eram ninhos de amantes s´ocultando,
O monte — um braço erguido em busca do Senhor.

Nas selvas, nas neblinas o olhar visionário
Via serguer fantasmas aqui... ali... além,
Pra ti era o cipreste — o dedo mortuário
Com que o sepulcro aponta no espaço ao longe... alguém

No cedro pensativo, que a sós no descampado
Geme e goteja orvalhos ao sopro do tufão,
Vias um triste velho — sozinho, desprezado
Molhando a barba em prantos coa fronte para o chão.

Aqui — ondina louca — vogavas sobre os mares —
Ali — silfo ligeiro — na murta ias dormir,
Anjo — de algum cometa, que vaga pelos ares,
Na cabeleira fúlgida brincavas a sorrir.

Sublime panteísta, que amor em ti resumes,
Sentes a alma de Deus na criação brilhar!
Perfume — tu subias, de um anjo entre os perfumes,
Ave do céu — nas nuvens teu ninho ias buscar.

Canta, poeta, os hinos, com que o silêncio acordas,
A natureza — é uma harpa presa nas mãos de Deus.
O mundo passa... e mira o brilho dessas cordas...
E o hino?... O hino apenas chega aos ouvidos teus.

Todo o universo é um templo — o céu a cúpula imensa,
Os astros — lampas de ouro no espaço a cintilar,
A ventania — é o órgão que enche a nave extensa,

Tu és o sacerdote da terra — imenso altar.
Rio de Janeiro, fevereiro de 1868.
(ALVES, 1997, p. 439).

O poema "Poeta" já foi analisado em outro exame.[28] No entanto, como o estudo versava sobre Victor Hugo, detemo-nos no exame apenas da presença hugoana. Assim, nessa nova oportunidade, focalizamos nossas atenções também na figura lamartineana. Porém, importa ressaltar que as considerações alicerçadas no estudo anterior podem auxiliar essa nova etapa de investigação. No caso do escritor de *Les Misérables*, o trecho foi recontextualizado e reelaborado em função do texto brasileiro. Veremos, então, se o mesmo ocorre com Lamartine.

O excerto de Lamartine foi tirado de "La prière" das *Meditations poétiques*. Trata-se, como faz entrever o título, de uma prece pela qual o eu lírico interage com "Deus", "Criador", "Senhor" e "rei brilhante". No decorrer da confabulação, a contemplação à natureza revela-se como elo entre a divindade e a voz que se expressa, sobressaindo, é claro, a grande importância da fé, disseminada no discurso panerígico a Deus.

Quanto ao trecho hugoano, note-se que vincula o fazer poético ao vocábulo "trabalho". No contexto brasileiro, os intertextos dialogam perfeitamente com a imagem expressa em "Poeta", ou seja, a do bardo como profeta da humanidade, exercendo seu trabalho a partir da observação da natureza. Todavia,

28 SOUSA, Cleonice. Projeções de brasilidade no referente hugoano. *Babel: Revista Eletrônica de Línguas e Literaturas Estrangeiras*, v. 2, n. 1, p. 13-23, 15 fev. 2013.

apesar dos textos franceses versarem sobre religiosidade, eles o fazem de forma bem diversa entre si.

A meditação e o trabalho, citados na epígrafe, referem-se, em *Les Misérables*, à oração feita pelas mulheres religiosas no claustro do convento. Assim sendo, o labor não é o poético, mas o religioso. No caso de Lamartine, o universo é o templo de Deus, e não do poeta. Como é possível inferir, são duas imagens distintas. Porém, ao serem agrupadas no corpo da poesia passam, em decorrência do trabalho alvesiano, a integrar a composição imagética proposta. Dito de outra maneira, somam ao sentido inicial que carregavam uma nova experenciação, nesse caso, dedicada ao profeta da palavra, ao indivíduo mais próximo de Deus: o poeta.

A poesia uniu, portanto, as duas concepções: a do fazer poético como um árduo trabalho, advinda de Hugo, e a estreita relação estabelecida entre a divindade, Deus, e o bardo, tomada de Lamartine. Nesse sentido, em "Poeta", a divindade é uma entidade distante que está expressa em todas as coisas. A capacidade de ler o divino na natureza é, portanto, um dom restrito ao poeta.

É preciso ressaltar, ainda, a menção a Lamartine, que se estabelece na terceira estrofe: "teu Lamartine terno". O uso do possessivo "teu" aproxima o escritor francês, de forma íntima, do eu lírico da poesia brasileira. Ademais, o adjetivo "terno" restringe a possibilidade semântica do nome próprio. Não é qualquer Lamartine, mas o terno. Pode-se pressupor, a partir disso, que os escritos dele tenham sido também fonte de inspiração e reflexão para o poeta. Qual seria então esse Lamartine? É notável que no momento em que cita a epígrafe em perfeita comunhão com a natureza o eu lírico nos apresenta a cena do livro aberto sob a mesa. A alusão é posterior ao verso "A mente no infinito sedenta só de luz". Entretanto, o "Mas" adversativo anteposto a "tua lias no livro, onde escrevera o Eterno/ Letras – que são estrelas- no céu- folha sem fim" –, patenteia a predileção pela natureza como musa.

O eu lírico expõe, desse modo, que a despeito de utilizar os escritos franceses o verdadeiro fazer poético é fruto da plena comunhão com o ambiente natural, por meio do qual o bardo vislumbra a obra divina em consumação. Dito de outra maneira, o diálogo com outros escritos se estabelecem na produção alvesiana, no entanto, o meio natural é eleito como crucial ao dizer poético.

Passemos ao Lamartine "terno".[29] Sabe-se que este se distanciou aos poucos do catolicismo, dirigindo-se a uma fé mais pura, mais próxima do ideal. Seus primeiros escritos, reunidos nas *Méditations Poétiques*, desnudam a primeira fase ainda muito atrelada ao pensamento católico. No artigo "Des Destinée de la poésie"(1834), Lamartine afirma a missão social da poesia no século XIX:

> Ela será mais lírica no sentido amplo em que tomamos esta palavra ... A poesia será de razão cantada. (esse é o seu destino há muito tempo); será filosófica, religiosa, política, social, como os tempos que a humanidade vai cumprir ... Ela se fará de povo, e se popularizará como a religião, a razão e a filosofia (...) A medida que tudo se espiritualizou nesse

---

29 A adjetivação, comum nas alusões a Lamartine, também pode ser observada em "A Luis" (ALVES, 1997, p. 159) onde se lê "Que tempos idos! Que esperanças louras! / Que cismavas de poesia e de futuro! / nas páginas do triste Lamartine / Quanto sonho de amor pousava puro!..."

> mundo ela também se espiritualiza (LAMARTINE, 1862, p. 13, tradução nossa).[30]

As duas epígrafes presentes no texto brasileiro estão diretamente ligadas ao aspecto religioso, isto é, à pratica da oração e à fé. Contudo, a crença alvesiana só se evidencia no exercício do fazer poético. O poeta deve buscar inspiração na obra sublime, aqui descrita como o "universo", "o céu", "a ventania". O labor poético é, portanto, o elo entre o poeta e divino. A referência francesa, inserida na poesia brasileira, torna elevado o trabalho do poeta e não, como em sua origem, a oração por parte das mulheres religiosas ou os afazeres de Deus. A menção ao poeta francês na terceira estrofe justifica o uso providencial do intertexto, ou seja, confirma a relevância da literatura existente como fonte. Daí a necessidade de citar duas vezes e aludir uma vez. A tripla presença francesa, nesse caso, concebe a composição da figura que nomeia o poema, o "poeta". É importante notar que todos os elementos estão associados à cultura, expressa aqui pelas lembranças literárias reiteradas, bem como pelo bardo, cujo labor consiste justamente em estabelecer essa união.

30 Elle sera plus lyrique dans le sens où nous prenons ce mo. La poésie sera de la raison chantée. (voilà sa destinée pour longtemps); elle sera philosophique, religieuse, politique, sociale, comme les époques que le genre humain va accomplir… Elle va se faire peuple, et devenir populaire comme la religion, la raison et la philosophie(...) A mesure que tout s´est spiritualisé dans le monde elle aussi se spiritualise (...) (LAMARTINE, 1862, p.13).

"Pelas sombras"

Ao Padre Francisco de Paula

C'est que je suis frappé du doute.
C'est que l'étoile de la foi
N'éclaire plus ma noire route.
Tout est abîme autour de moi!
La Morvonnais

Senhor! A noite é brava... a praia é toda escolhos.
Ladram na escuridão das Circes as cadelas...
As lívidas marés atiram, a meus olhos,
Cadáveres, que riem à face das estrelas!

Da garça do oceano as ensopadas penas
O mórbido suor enxugam-me da testa.
Na aresta do rochedo o pé se firma apenas...
No entanto ouço do abismo a rugidora festa! ...

Nas orlas de meu manto o vendaval s'enrola. . .
Como invisível destra açoita as faces minhas...
Enquanto que eu tropeço... um grito ao longe rola...
"Quem foi?" perguntam rindo as solidões marinhas.

Senhor! Um facho ao menos empresta ao caminhante.
A treva me assoberba... O' Deus! dá-me um clarão!

E uma Voz respondeu nas sombras triunfante:
"Acende, ó Viajor! — o facho da Razão!"

Senhor! Ao pé do lar, na quietação, na calma
Pode a flama subir brilhante, loura, eterna;
Mas quando os vendavais, rugindo, passam n'alma,
Quem pode resguardar a trêmula lanterna?

Torcida... desgrenhada aos dedos da lufada
Bateu-me contra o rosto... e se abismou na treva,
Eu vi-a vacilar... e minha mão queimada
A lâmpada sem luz embalde ao raio eleva.

Quem fez a gruta — escura, o pirilampo cria!
Quem fez a noite — azul, inventa a estrela clara!
Na fronte do oceano — acende uma ardentia!
Com o floco do Santelmo — a tempestade aclara!
Mas ai! Que a treva interna — a dúvida constante —
Deixaste assoberbar-me em funda escuridão! ...

E uma Voz respondeu nas sombras triunfante:
"Acende, ó Viajor! a Fé no coração!..."

Curralinho, 5 de junho de 1870
(ALVES, 1997, p. 152)

A poesia é dedicada ao Padre Francisco de Paula Rodrigues, conhecido por Padre Chico, um dos amigos que acompanharam Castro Alves nos seus derradeiros tomentos. A epígrafe pertence ao poema "Perturbation", de La Morvonnais:

Perturbation

Souvent je regrette le calme
Le calme des jours enfantins,
Quand ma main portait une palme,
La palme que portent les saints.

Quand j´avais les ailes d´un ange
Et les songes mélodieux;
Que de nos jours vite l´on change:
A vingt et six ans déjà vieux!

C'est que je suis frappé du doute.
C'est que l'étoile de la foi
N'éclaire plus ma noire route.
Tout est abîme autour de moi!

C´est vers moi l´indifférence
Tourna son souffle glacial;
C´est que je n´ai plus d´espérance;
Oh! Que c´est un terrible mal!

C´est que le soir près de ma couche,
Je n´ose plus invoquer Dieu;
Car ma prière est dans ma bouche,
Et non dans l´âme, son vrai lieu.

C´est que je ne vois plus d´aurore
Au fond du tombeau caverneau;
Aussi l´ennui qui me devore
A-t-il fait tomber mes cheveux.

Quand mon âme s´agite et crie
Dans la tempête et dans l´effroi,
Vers toi j´accours, car, ô Marie,
La paix du ciel est près de toi.

Mordreuc, 1828.[31]

As duas poesias são bem diferentes entre si. O texto brasileiro apresenta oito quartetos de rimas alternadas. Contudo, o quarto e o último são divididos por um travessão. Ademais, da quarta para a quinta estrofe deparamo-nos com uma linha pontilhada.

31 Não encontramos tradução poética em língua portuguesa para a presente poesia.

O título "Pelas Sombras", associado à epígrafe, sugere o pessimismo, a desesperança, o vagar sem rumo. No primeiro quarteto, o eu lírico se dirige ao "Senhor", revelando seu estado de alma. Para tanto, menciona Circe, figura da mitologia grega e personagem da *Odisséia*, de Homero. Trata-se do episódio no qual Ulisses desembarca na ilha de Eana, onde vivia a feiticeira, com inúmeros animais que, na verdade, eram homens enfeitiçados. Ela é a deusa da noite. Dela emana uma luz fúnebre, razão pela qual é considerada como a deusa da morte horrenda. Porém, no texto castroalvino existe claramente uma transmutação no sexo dos animais, marcado pelo uso do vocábulo no gênero feminino "cadelas", de modo distinto, portanto, à versão original apresentada pelo mito grego.[32]

Nas estrofes seguintes expõe-se o quadro geral de desespero: o eu lírico se encontra perdido, então clama novamente "Ó Deus! Dai-me um clarão". Na sequência, existe uma pausa simbolizada pelo traço que divide a estrofe, seguida da voz que, na quarta estrofe, pede ao eu lírico que acenda "o facho da Razão" e, na oitava, também dividida pelo travessão, responde "Acende, ó Viajor! a Fé no coração!...". Ambos os trechos evidenciam a revelação divina pela fé. Os dois vocábulos grifados em letras maiúsculas, "Razão" e "Fé", tracejam, justamente, a passagem para o conhecimento, ou seja, o homem só pode elevar-se a Deus por meio da razão (*lumine naturali rationis*) iluminada pela fé.[33]

---

32 "A. Peixoto tinha por enigmático este verso, achando que estava a reclamar uma nota do autor, que, aliás, grifou as três últimas palavras. Neste, como em outros tantos casos, a metáfora tem a lógica da imaginação do autor."(ALVES, 1997, p. 814)

33 A esse respeito vide: TOMÁS DE AQUINO. *Suma Contra os Gentios*. Trad. Odilão Moura e D. Ludgero Jaspers. Rev. Luis Alberto De Boni. Porto Alegre: Sulina, 1990.p. 3343

Em "Perturbation" vislumbramos a exposição das três virtudes teologais, as quais dispõem os cristãos a viver em relação com a Santíssima Trindade. São elas: a fé, a esperança e a caridade, respectivamente na terceira, quarta e última estrofe. A terceira, justamente a emprestada por nosso poeta, revela-nos o momento em que a fé se esquiva do eu lírico: "C´est que l´étoile de la foi/ N´éclaire plus ma noire route". A seguinte, alude à segunda virtude: "C´est que je n´ai plus d´espérance". Finalmente, os versos "Vers toi j´accours, car, ô Marie/ La paix du ciel est près de toi" figuram a caridade, simbolizada por Maria, mãe de Jesus, símbolo de amor, e, portanto, do culto mariano, cujo principal traço é a aproximação, a afinidade estabelecida entre o Maria e o pecador. Tal aproximação se explica pelo poder de intercessão junto à justiça divina, concretizando a representação da maternidade e da glorificação.

Nesses termos, o texto brasileiro apresenta a ligação com o infinito por meio da expressão dos sentimentos. Não por acaso a epígrafe versa exatamente sobre a nostalgia da impossibilidade de integrar-se ao absoluto, representada pela ausência da fé. Assim sendo, o espiritualismo alvesiano apresenta-se de modo ambíguo, isto em decorrência da dúvida frequentemente esboçada. Porém o verso final direciona a contingência da mencionada união à existência de crença, responsabilizando o próprio eu lírico por sua desorientação.

O texto francês, por seu turno, carrega a mesma temática da fé. No entanto, ao final, o reencontro com a "paix du ciel", proporcionado por Marie, extingue, aparentemente, todos os dilemas do eu lírico. Desse modo, se em Castro Alves o eu poético deve, de acordo com a voz que lhe responde, voltar-se a si mesmo e recobrar a fé, no poema francês a paz é encontrada pela crença na figura de Maria. Não obstante o empréstimo do excerto que figura a dúvida, a sugestão de recuperar a credulidade é dada já por meio da epígrafe, na medida em que o "abîme autour de moi" se edifica pela ausência de credo. A revelação divina em Castro Alves aproxima a palavra poética da palavra religiosa.[34] As inquietações pessoais do eu poético que se estabelecem no diálogo com o misterioso e com o indecifrável interpretam e imortalizam o sagrado e vice-versa. Em "Perturbation" há a materialização da fé por meio da figura bíblica de Maria. A elevação em direção ao divino se evidencia por meio do amor – caridade. O caminho ao sagrado configura um processo de purificação perpetrado pelo sentimento amoroso, representado pela figura materna.

Embora ambos os textos versem sobre a fé, o processo por meio do qual a revelação divina se estabelece assume contornos distintos. No texto brasileiro, a dúvida prevalece, a despeito da voz que fala ao eu poético. No texto francês, por seu turno, a *mater* suprema, símbolo maior de caridade e, portanto, da mais importante virtude teologal, encerra todas as incertezas e propicia a paz interior. Concluímos, então, que essa disparidade responde pela manutenção de uma das marcas principais do bardo brasileiro nos escritos referentes a Deus: o questionamento e a súplica. Assim como se pode observar nos exemplos abaixo:

---

34 De acorco com Antonio Magalhães "o cristianismo é uma religião do livro, o que significa que boa parte de seu poder reside no fato de ser literatura, caráter que estabelece uma relação intrínseca entre Cristianismo e Literatura" (MAGALHÃES, Antonio. *Deus no espelho das palavras: Teologia e Literatura em diálogo*. São Paulo: Paulinas, 2000, p. 7.).

Senhor Deus dos desgraçados!
Dizei-me vós, Senhor Deus!
Se é loucura... se é verdade
Tanto horror perante os céus?!
Ó mar, por que não apagas
Co'a esponja de tuas vagas
De teu manto este borrão?...
(ALVES, 1997, p. 281).

Deus! Ó Deus! Onde estás, que não respondes?
(*op. cit.* p.290)
(...)
Não basta inda de dor, ó Deus terrível?!
É, pois, teu peito eterno, inexaurível
De vingança e rancor?...
E que é que fiz, Senhor? Que torvo crime
Eu cometi jamais que assim me oprime
Teu gládio vingador?!..
(ALVES, *op. cit.*, p. 292).

Deus! Por que enquanto que o monte
Bebe a luz desse horizonte,
Deixas vagar tanta fronte,
No vale envolto em negror?!...
(ALVES, *op. cit.*, p. 117).

Ouve-me, ó Deus sereno!
Ó Deus consolador!
Com teu divino bálsamo
Cala-me a ansiedade!
Mata-me esta saudade.
Apaga-me esta dor
(ALVES, *op. cit.*, p. 134)

Vê!... A inocência, o amor, o brio, a honra,
E o velho no balcão.
Do berço à sepultura a infâmia escrita...
Senhor Deus! Compaixão!...
(ALVES, *op.cit.*, p. 259).

"Ao dous de Julho"[35]

(Recitada no Teatro S. João)

É a hora das epopéias,
Das ilíadas reais.
Ruge o vento – do passado
Pelos mares sepulcrais.
É a hora, em que a Eternidade
Dialoga a Imortalidade...
Fala o herói com Jeová! ...
E Deus – nas celestes plagas –
Colhe da glória nas vagas
Os mortos de Pirajá.

Há destes dias augustos
Na tumba dos Briaréus.
Como que Deus baixa à terra
Sem mesmo descer dos céus.
É que essas lousas rasteiras
São – gigantes cordilheiras
Do Senhor aos olhos nus.
É que essas brancas ossadas
São – colunas arrojadas
Dos infinitos azuis.

35 Publicado na *Imprensa Acadêmica* (nº13, São Paulo, outubro de 1868).

Sim! Quando o tempo entre os dedos
Quebra um séc'lo, uma nação ...
Encontra nomes tão grandes.
Que não lhe cabem na mão!...
Heróis! Como o cedro augusto
Campeia rijo e vetusto
Dos séc'los ao perpassar,
Vós sois os cedros da História,
A cuja sombra de glória
Vai-se o Brasil abrigar.

E nós, que somos faíscas
Da luz desses arrebóis,
Nós, que somos borboletas –
Das crisálidas de avós,
Nós, que entre as bagas dos cantos.
Por entre as gotas dos prantos
Inda os sabemos chorar,
Podemos dizer: "Das campas
Sacudi as frias tampas!
Vinde a Pátria abençoar!. . .

Erguei-vos, santos fantasmas
Vós não tendes que corar...
(Porque eu sei que o filho torpe
Faz o morto soluçar...)
Gemem as sombras dos Gracos,
Dos Catões, dos Espartacos
Vendo seus filhos tão vis...
Dize-o tu, soberbo Mário!
Tu, que ensopas o sudário
Vendo Roma – meretriz? ...

Ai! Que lágrimas candentes
Choram órbitas sem luz! —
Que idéia terá Leônidas
Vendo Esparta nos pauis?!...
Alta noite, quando pena
Sobre Árcole, sobre Iena,
Bonaparte – o rei dos reis –,
Que dor d'alma lhe rebenta.
Ao ver su'águia sangrenta
No sabre de Juarez!?...

Porém aqui não há grito,
Nem pranto, nem ai, nem dor...
O presente não desmente
Do seu ninho de condor...
Mãos, que, outrora de crianças
A rir – dentaram as lanças
Dos velhos de Pirajá...,
De homens hoje, as empunhando,
Nas batalhas afiando,
Vão caminho de Humaitá!...

Basta!... Curvai-vos, ó povo!
Ei-los os vultos sem par,
Só de joelhos podemos
Nest'hora augusta fitar
Riachuelo e Cabrito,
Que sobem para o infinito
Como jungidos leões,
Puxando os carros dourados
Dos meteoros largados
Sobre a noite das nações.

Bahia – 1867
(ALVES, 1997, p. 91).

Mesmo depois de alcançada a independência do Brasil em 1822, o exercito português continuou resistindo e dominando o território baiano. Por essa razão, apenas no ano seguinte, em 02 de Julho de 1823, a Bahia declarou independência. Esse processo tardio ocasionou uma série de conflitos, que resultou na derrota do exercito português. A maioria dos participantes das batalhas recebeu a alcunha de "heróis da independência". É esse, pois, o pano de fundo da presente poesia. Veremos a maneira pela qual nosso poeta trabalha com esse evento histórico.

Nas notas desse poema, dispostas ao final das *Espumas Flutuantes*, lê-se:

> Riachuelo e Cabrito.. etc. Destes nomes, o primeiro (todos o sabem) recorda a mais gloriosa batalha ferida em águas da América do Sul; o segundo (menos conhecido talvez) lembra um glorioso feito d´armas dos tempos da Independência. A bravura é uma herança nesta nobre terra! E o passado pode repetir ao presente como o D. Diègue de Corneille: "*Montre-toi digne d´un père tel que moi*". (ALVES, 1997, p. 207).

A frase de Corneille citada por Castro Alves é um trecho de *Le Cid*. Trata-se do momento em que D. Diègue solicita ao filho, Rodrigue, que faça um duelo com D. Gomès, pai de Chimème, grande amor de Rodrigue, em favor de sua honra.

O título da poesia, bem como o corpo do texto, discorrem sobre a independência da Bahia, ocorrida em 1823. Nosso poeta confere ao evento um grande destaque, sobretudo por meio do primeiro verso "É a Hora das epopeias". O objetivo é conferir importância ao evento ocorrido em Salvador. Ao final da primeira estrofe, o eu poético afirma "Colhe [Deus] da glória nas vagas/ Os mortos de Pirajá", local este onde, em 1914, erigiu-se um Panteão em homenagem a Labatut, um dos principais líderes do feito cívico. Trata-se de um veterano do exercito napoleônico que foi enviado ao Brasil para comandar o exercito pacificador.

Nas estrofes seguintes, o eu poético procura definir o feito histórico como grande acontecimento para a nação brasileira: "Vós [os heróis da guerra] sois os cedros da História, / A cuja sombra de glória/ Vai-se o Brasil abrigar". Refere-se o bardo aos "heróis" mortos nas batalhas pela independência.

A quinta estrofe conversa diretamente com o intertexto presente nas notas:

> Erguei-vos, santos fantasmas !
> Vós que não tendes que corar...
> (porque eu sei que o filho torpe
> Faz o morto soluçar...)

O eu lírico enaltece a figura dos heróis brasileiros, correlacionando-os, nas linhas posteriores, aos Gracos, aos Catões, a Espartacos, a Mário, a Leônidas e a Juarez. Os primeiros, responsáveis pela reforma agrária em Roma; Marcos Pórcio Catão, célebre por sua integridade política; Espartaco, líder de importante revolta de escravos; Leônidas, rei e defensor de Esparta; Benito Juarez Garcia, que fuzilou Maximiliano em 1867, coroado por Bonaparte como imperador do Mexico. Representam, portanto, um símbolo da história mundial e são lembrados por sua valentia. A sincronia que se observa entre esses nomes advém do fato de todos terem pelejado, arriscando a própria vida por algo em que acreditavam. É essa, pois, a mensagem propagada pelo intertexto, bem como por todo poema brasileiro. As lutas empreendidas no passado devem prevalecer como memória viva e como herança às gerações futuras. Sob esse prisma, o eu lírico defende:

> Aqui não há grito,
> Nem pranto, nem ai, nem dor...
> O presente não desmente
> Seu ninho de condor...

O texto brasileiro entabula, portanto, um progresso na história brasileira, sublinhando a bravura e a honra como principais legados. Nesse sentido, Pirajá e Cabrito são referências de extrema importância para os filhos do Brasil, uma vez que trazem à baila a coragem dos combatentes, encorajando à posteridade a glorificar o passado heróico com atos de destemor em nome da liberdade. Assim como o fez Rodrigue, abrindo mão do seu amor para lutar em nome da integridade de seu pai.

O trecho francês funciona, portanto, como parâmetro de intrepidez e determinação. O protagonista de *Le Cid*, a despeito do imenso que sente por Chimène, age de acordo com seus princípios, ou seja, não deixar que se ultraje o nome do pai. Em outros termos, prevalecem a crença e os princípios apreendidos. O herói entende que não deve denegrir seus antepassados e, consequentemente, a si mesmo. Assim, a história passada em dois de julho de 1823 confere contornos de história mundial, figurando como exemplo literário na reiteração da obra de Corneille.

"Súplica"

Le nègre marqué au signe de Dieu
comme vous passera désormais du berceau à la fosse,
la nuit sur son âme, la nuit sur la figure.
PELLETAN

Senhor Deus, dá que a boca da inocência
Possa ao menos sorrir,
Como a flor da granada abrindo as pet'las
Da alvorada ao surgir.

Dá que um dedo de mãe aponte ao filho
O caminho dos céus,
E seus lábios derramem como pérolas
Dois nomes — filho e Deus.

Que a donzela não manche em leito impuro
A grinalda do amor.
Que a honra não se compre ao carniceiro
Que se chama senhor.

Dá que o brio não cortem como o cardo
Filho do coração.
Nem o chicote acorde o pobre escravo
A cada aspiração.

Insultam e desprezam da velhice
A coroa de cãs.
Ante os olhos do irmão em prostitutas
Transformam-se as irmãs.

A esposa é bela... Um dia o pobre escravo
Solitário acordou;

E o vício quebra e ri do nó perpétuo
Que a mão de Deus atou.

Do abismo em pego, de desonra em crime
Rola o mísero a sós.
Da lei sangrento o braço rasga as vísceras
Como o abutre feroz.

Vê!... A inocência, o amor, o brio, a honra,
E o velho no balcão.
Do berço à sepultura a infâmia escrita...
Senhor Deus! compaixão!...

Recife, 10 de setembro de 1865
(ALVES, 1997, p. 258).

A epígrafe foi retirada da obra "Adresse au roi conton", de Eugène Pelletan, escritor, jornalista e político francês. Republicano ardente, seus escritos, publicados nos periódicos europeus, chegavam aos intelectuais por meio de navios. No Brasil, sua obra exerceu grande influência, isso em decorrência de seu discurso altissonante.

Das obras do escritor francês, a mais conhecida é *Le monde marche.* Castro Alves, em "Poesia", assim o aprecia:

> A poesia é um sacerdócio. – Seu Deus- o belo – Seu turibulário- o Poeta.
>
> Grande e sublime profissão!...
>
> Debalde Pelletan lançar-lhe-á o seu consummatum. A voz do autor do Monde Marche é altíssona, porém mais forte a consciência da humanidade, abraçando-se ao poeta nas horas de agonia (ALVES, 1997, p. 665).

Na obra citada, o escritor francês dirige- se ao *Sire* "roi coton", referindo-se a James Henry Hammond, importante plantador de algodão na Carolina do Sul e defensor ferrenho da escravidão nos anos que antecederam a Guerra Civil Americana. No corpo do texto, critica o processo de desenvolvimento econômico do sul dos Estados Unidos, cujo alicerce era a mão de obra escrava:

> C'est ainsi qu´on veut bien nommer l'esclavage ["travail involontaire"], pour ménager la délicatesse de notre oreille. Vous mêmes, Sire, si bien cuirassé que vous soyez sur la chose, vous ne la nommez jamais que par périphrase; vous l'intitulez dans votre code, si je ne me trompe, "L'instituition particulaire". Si vous avez l'affronterie du fait, vous avez du moins l'humilité du titre, et en cela vous imitez l'inquisition, qui a offert toujours la volupté d'un euphémisme à sa victime: elle appelait la maison de torture de la Casa *Santa*, et sur le poteau du bûcher elle écrivait misericórdia. (p. 13).[36,37]

---

36 PELLETAN,Eugène. *Adresse au roi conton*. Disponível em :<https://books.google.com.br/books?id=Z_sxAQAAMAAJ&pg=PP1&lpg=PP1&dq=adresse+au+roi+coton+pelletan&source=bl&ots=90qIBxQLP6&sig=NmMaxrdokp_04p504iQpzGjxlyo&hl=pt-BR&sa=X&ei=rFNGVcPNO8bisASRooC4DQ&ved=0CDIQ6AEwBA#v=onepage&q=adresse%20au%20roi%20coton%20pelletan&f=false >Acesso em 03 Mai.2015.

37 É assim que queremos denominar a escravidão ["trabalho involuntário"], para poupar a delicadeza de nossos ouvidos. Você mesmo, senhor, por mais bem protegido que esteja da coisa, você nunca a nomeia, exceto por perífrase; você a nomeia no seu código, se não me engano, "a instituição particular". Se você tem o confronto do fato, tem pelo menos a humildade do título, e nisso imita a Inquisição, que sempre ofereceu o prazer de

Pelletan questiona a disparidade das duas formas econômicas, prestando elogio, nesses termos, aos yankees de Lincoln e John Brown:

> Or, un jour, un homme de coeur, John Brown, vint voir sil y avait sous la souquenille du nègre quelque chose qui vibrait encore. C'était une erreur j'en conviens. Vous avez pris le sublime soldat de l'humanité, vous l'avez jugé, vous l'avez pendu... C'est bien, Sire, je vous reconnais à ce trait de clémence: vous pouviez le jeter vivant dans un bûcher. Mais à l'heure du supplice un long frisson courut sur l'Amérique du Nord ... la cause sacrée de l'abolition avait désormais l'auréole du martyre. (PELLETAN, *op. cit.*, p.11).[38]

"Súplica", por seu turno, apresenta uma denúncia dos horrores sofridos pelos negros no período. Nessa, assim como em outras poesias, o eu lírico pede ao "Senhor Deus" que tenha compaixão. De um modo geral, o bardo usa a moral cristã para causar identificação e gerar a comoção das elites. A epígrafe francesa "Le nègre marqué au signe de Dieu comme vous (...)" situa uma equidade entre brancos e negros e levanta o seguinte

---

um eufemismo à sua vítima: chamou a casa de tortura de Casa Santa, e na estaca usada para prender e queimar pessoas ela escrevia misericórdia (*Op.cit.*, p. 13, Tradução Nossa)

38 Porém, um dia um homem de bom coração, John Brown, veio ver se havia algo sob o punho do negro que ainda vibrava. Foi um erro, concordo. Você pegou o sublime soldado da humanidade, você o julgou, você o enforcou ... Isso é bom, senhor, eu o reconheço por este traço de clemência: você poderia jogá-lo vivo em uma fogueira. Mas na hora do tormento, um longo estremecimento percorreu a América do Norte ... a sagrada causa da abolição agora tinha o halo do martírio. (PELLETAN, *op. cit.*, p.11, tradução nossa)

questionamento: Se somos iguais perante Deus, porque os negros devem padecer tanto?

"Adresse au roi coton", por sua vez, critica a hipocrisia religiosa:

> Vous l'avez élévé au rang de chrétien, c´est problablement pour qu'il pratique l'Évangile; or, l'Évangile condamne la promiscuité: vous marierez par scrupule le nègre à la négresse, un Pasteur bénira leur union. Pourquoi la bénir? Pour que la malédiction descende plutôt sur cette femme la frappe de stérilité, car elle n'enfantera que pour la servitude, et cet enfant, né de son amour, qu'elle a nourri de son lait, couvé sur son coeur, que deviendra–t-il une fois qu´il aura l'âge vénal? Son maître l´enverra sans doute à la foir, et le mariage, cet acte moral entre tous, n´aura été qu´un supplice de plus dans la servitude (PELLETAN, *op.cit.*, p. 7).[39]

Das linhas delineadas acima, pode-se concluir que o escritor francês concebe a religião como mais uma forma de sujeitar o negro. Nesse sentindo, a benção religiosa só é trazida à baila quando conveniente aos interesses do escravocrata. Mais adiante, o autor questiona:

---

39 Você o elevou à categoria de cristão, provavelmente para que ele pratique o Evangelho; no entanto, o Evangelho condena a promiscuidade: casarás o negro com a negra por escrúpulo, um pastor abençoará a união deles. Por que abençoá-la? Para que a maldição recaia sobre esta mulher, antes golpeá-la com esterilidade, pois ela só dará à luz para a servidão, e esta criança, nascida de seu amor, a quem ela alimentou com seu leite, aninhou em seu coração, o que será ele quando tiver boa idade? Seu senhor sem dúvida o mandará para a mercado, e o casamento, esse ato moral entre todos, terá sido apenas mais uma tortura na servidão. (*op.cit.*, p. 7, tradução nossa)

> Qu'est ce donc que l'esclave? C'est l'homme décapité de son âme, de lui sa race, jusqu'à la dernière postérité; c'est l'homme condamné de père en fils à penser par le cerveau et à vouloir par la volonté d'un autre homme.(PELETTAN, *op. cit.*, p. 6).[40]

No que diz respeito a Castro Alves, por meio de sua poesia social abolicionista, o poeta expôs sua sensibilidade artística transfundindo "em seus poemas um sentido superior de vida, uma visão do mundo ou do homem" (CANDIDO, 1944, p. 131). Dito de outra maneira, suas poesias abrem discussão para grandes problemas sociais e, consequentemente, revelam a indignação contra a tirania e a opressão.

Antes dos escritos alvesianos, o negro era visto exclusivamente como escravo e, de um modo geral, sempre descrito numa posição de inferioridade. O vate brasileiro elevou-o a objeto literário.[41] Nas páginas de *A Cachoeira de Paulo Afonso* e de *Os escravos,* são inúmeros os exemplos nos quais os cativos são protagonistas de um sofrimento descabido e desmedido.

Nas palavras de Antonio Soares Amora,

> (...) para se compreender a atitude de Castro Alves, a partir de 1865, de um lado diante do que sua geração começava a compreender como "missão do poeta", e de outro, diante do que sua mesma geração começava a denunciar como erros gritantes

---

40 O que é então o escravo? Ele é o homem decapitado de sua alma, de si mesmo de sua raça, até a última posteridade; é o homem condenado de pai para filho a pensar pelo cérebro e a desejar pela vontade de outro homem. (*op.cit.*, p. 6, tradução nossa).

41 (...) o negro era visto como uma realidade degradante sem categoria de arte, sem lenda (CANDIDO, 1997b, p. 170).

> e até mesmo terríveis de nossa estrutura política e social: um monarquismo, que se não era absolutista e tirânico, era, contudo, surdo aos reclamos de justiça e de igualdade, por parte do povo; uma aristocracia, uma teocracia e uma plutocracia, privilegiadas, poderosas e insensíveis à miséria do povo e à pungente tragédia dos escravos. Investindo-se, portanto, como todos os moços de sua geração, sobretudo acadêmicos, de uma "missão revolucionária", desenvolveu (...) uma desabrida campanha a favor dos novos ideais políticos do republicanismo, dos novos ideais de liberdade do espírito e da palavra, e mais veemente e insistentemente, porque o momento pedia, em favor dos ideais da abolição da escravatura (AMORA, 1973, p. 190).

Em contrapartida, Mário de Andrade, no conhecido ensaio "Castro Alves", assegura que "Castro Alves jamais ergue os escravos até sua altura, nem abaixa até seus irmãos inferiores. A África não é uma grandeza diferente, é uma infelicidade" (ANDRADE, 1972, p. 111).

É evidente que a questão da abolição da escravatura levanta indagações que transcendem as questões estéticas. Porém, como não é esse o cerne do nosso exame, deteremo-nos nos mencionados aspectos apenas quando edificarem exercício contundente à compreensão da presença francesa.

Em "Súplica", o negro é visto integramente com seus amores e medos. Os princípios deturpados estão diretamente ligados à elite branca dominante: "inocência", "donzela", "leito impuro", "que a honra não se compre ao carniceiro", "ri do nó perpétuo/ Que a mão de Deus atou". Não há no poema uma inclusão do eu lírico por meio, por exemplo, do uso de "nós".

A voz que descreve os padecimentos é de alguém que observa de longe e, estando de fora, adota os princípios de uma moral cristã. O texto francês configura uma crítica, que propõe a fala direta ao algoz, tendo como base vários exemplos de má administração social, inclusive religiosa. A escravidão é vista de longe. No entanto, são consideráveis os argumentos que apontam para a ruína social e econômica que esse regime ocasiona. Como o próprio autor diz, "je ne parlerai pas à votre coeur, je parlerai à un absent; je parlerai simplement à votre interêt, et j´aurai, peut-être quelque chance de trouver l´audience dans votre esprit". (*Op, cit.* p.42).

A passagem citada por Castro Alves não apresenta essa crítica direta, mas serve a seu texto, na medida em que constrói, por meio do discurso cristão, um traço de similitude. Dito de outro modo, usa o próprio argumento da instituição católica para injustificar as atrocidades sofridas pelos negros.

Tomemos outro exemplo. A poesia "Bandido negro" é diferente de "Súplica", pois é mais impulsionada pela vaga do "medo branco" da "onda negra"[42] do que pelo desejo de denunciar as penúrias que a escravidão ocasionava:

42 Célia Maria Marinho Azevedo analisa, por meio de variados meios, como jornais, por exemplo, a propagação do medo advindo da ideia do perigo eminente de uma revolta dos escravos de uma "onda negra", imagem forjada pelas elites racistas. AZEVEDO, Célia Maria Marinho de. *Onda negra, medo branco: o negro no imaginário das elites, século XIX*. Rio de Janeiro: Paz e Terra, 1987.

"Bandido negro"

Corre, corre sangue do cativo
Cai, cai, orvalho de sangue germina, cresce,
colheita vingadora.
A ti, segador, a ti. Está madura.
Aguça tua foice, aguça, aguça tua foice.
E. Sue (Canto dos Filhos de Agar)

Trema a terra de susto aterrada...
Minha égua veloz, desgrenhada,
Negra, escura nas lapas voou.
Trema o céu... ó ruína! ó desgraça!
Porque o negro bandido é quem passa,
Porque o negro bandido bradou:

Cai orvalho de sangue do escravo,
Cai, orvalho, na face do algoz.
Cresce, cresce, seara vermelha,
Cresce, cresce, vingança feroz.

Dorme o raio na negra tormenta...
Somos negros... o raio fermenta
Nesses peitos cobertos de horror.
Lança o grito da livre coorte,
Lança, ó vento, pampeiro da morte,
Este guante de ferro ao senhor.

Cai orvalho de sangue do escravo,
Cai, orvalho, na face do algoz.
Cresce, cresce, seara vermelha,
Cresce, cresce, vingança feroz.

Eia! Ó raça que nunca te assombras!
Para o guerreiro uma tenda de sombras

Arma a noite na vasta amplidão.
Sus! pulula dos quatro horizontes,
Sai da vasta cratera dos montes,
Donde salta o condor, o vulcão.

Cai orvalho de sangue do escravo,
Cai, orvalho, na face do algoz.
Cresce, cresce, seara vermelha,
Cresce, cresce, vingança feroz.

E o senhor que na festa descanta
Pare o braço que a taça alevanta,
Coroada de flores azuis.
E murmure, julgando-se em sonhos:
"Que demônios são estes medonhos,
que lá passam famintos e nus"?

Cai orvalho de sangue do escravo,
Cai, orvalho, na face do algoz.
Cresce, cresce, seara vermelha,
Cresce, cresce, vingança feroz.

Somos nós, meu senhor, mas não tremas,
Nós quebramos as nossas algemas
Para pedir-te as esposas e mães.
Este é o filho do ancião que mataste.
Este - irmão da mulher que manchaste...
Oh! não tremas, senhor, são teus cães.

Cai orvalho de sangue do escravo,
Cai, orvalho, na face do algoz.
Cresce, cresce, seara vermelha,
Cresce, cresce, vingança feroz.
São teus cães, que tem frios e tem fome,
Que há dez séculos a sede consome...

Quero um vasto banquete feroz...
Venha o manto que os ombros nos cubra.
Para vós fez-se a púrpura rubra.
Fez-se o manto de sangue para nós.

Cai orvalho de sangue do escravo,
Cai, orvalho, na face do algoz.
Cresce, cresce, seara vermelha,
Cresce, cresce, vingança feroz.

Meus leões africanos, alerta!
Vela a noite... a campina é deserta.
Quando a lua esconder seu clarão
Seja o *bramo* da vida arrancado
No banquete da morte lançado
Junto ao corvo, seu lúgubre irmão.

Cai orvalho de sangue do escravo,
Cai, orvalho, na face do algoz.
Cresce, cresce, seara vermelha,
Cresce, cresce, vingança feroz.

Trema o vale, o rochedo escarpado,
Trema o céu de trovoes carregado,
Ao passar da rajada de heróis,
Que nas éguas fatais desgrenhadas
Vão brandindo essas brancas espadas,
Que se amolam nas campas de avós.

Cai orvalho de sangue do escravo,
Cai, orvalho, na face do algoz.
Cresce, cresce, seara vermelha,
Cresce, cresce, vingança feroz
(ALVES, 1997, p. 241).

A força retórica do texto é garantida pelas imagens hiperbólicas, como é o caso, por exemplo, do primeiro verso: "TREMA a terra de susto aterrada". Ademais, o próprio campo semântico do título, somado à epígrafe de Eugène Sue, define claramente o motivo da vingança dos negros. Acrescente-se ainda o refrão que prolonga a ênfase na represália.

A epígrafe francesa, retirada, como indicado no próprio poema, do *Canto dos filhos de Agar*, esboça a tática usada por Sue, no contexto francês, a saber: a revolta dos negros como metáfora do cristianismo messiânico.

Se o primeiro e o segundo textos revisitam o tema da escravidão, o segundo cria a sugestão da urgência da vingança. O primeiro é o resultado de uma queixa de dor, de opróbrio. O segundo representa a desforra em curso, ainda que virtual, como é possível observar na própria estrutura dos poemas: em "Bandido Negro", os versos decassílabos com rima AABCCB e estribilhos ABCB criam um paralelismo que oferece um efeito musical semelhante à batida de um tambor, daí a propagação do medo e a escolha do trecho do "Canto dos Filhos de Agar", ao passo que, em "Súplica", os versos intercalados de 12 e 6 sílabas com rima cruzada configuram um tom mais ameno, que auxilia na construção do rogo ao Senhor Deus, fato este que justifica também a seleção do texto crítico de Pelletan.

Nos dois casos as referências integram-se perfeitamente à proposta dos textos brasileiros. Desse modo, a presença francesa serve em "Suplica" como justificativa para a igualdade entre brancos e negros perante Deus. Já em "Bandido Negro", dá azo ao tom de ameaça iniciado pela própria estrutura da epígrafe e continuado no corpo do poema brasileiro.

NOME, OBRA, PERSONAGEM OU TÍTULO

Castro Alves não poupou esforços para explicitar sua preferência pelos franceses. As citações hugoanas, por exemplo, cumprem diferentes funções nos seus textos.[1] Cônscio do papel como poeta e plenamente inserido no contexto de criação romântico, nosso escritor esbanjou referências em seus escritos, revelando sua leitura assídua e englobando, tanto quanto possível, variados dados extratextuais, aclimatando-os a serviço do seu discurso com o objetivo de "Construir um sistema no qual a definição da rede semântica que circunscreve a especificidade de um discurso coincide com a definição das relações deste discurso com seu Outro" (MAINGUENEAU, 1984, p. 30).

Das inúmeras citações presentes em sua obra destacam-se as referências às obras *Dalila*, de Octave Feuillet, "Éloa ou la soeur des anges" e *Chatertton*, de Alfred de Vigny, *Consuelo*, de George Sand, *Marion de Lorme*, "Pour les pauvres" (*Les Feuilles d'automne*), *Les Misérables*, *Ruy Blas*, "Les deux îles" *(Odes et Ballades)*, de Victor Hugo, "Rolla", de Alfred de Musset, *Les Natchez*, de Chateaubriand, *Monde Marche*, de Pelletan, *Phèdre*, de Racine, *Le Cid*, de Corneille.

---

1 A esse respeito vide SOUSA, Cleonice. "Espumas Flutuantes de além mar: Castro Alves e Victor Hugo o porquê da análise comparativa". *Revista da Anpoll*. v. 51, n. 3, dez. 2020.

No que diz respeito aos nomes, destacamos: La Fontaine, Molière, Racine, Corneille, Rousseau, Mirabeau, Hugo, Musset, Chénier, Dumas, Dumas Filho, Lamartine, Barthélemy, Vigny, Villemain, Chateaubriand, Mme Stael, George Sand, Octave Feuillet, Beaumarchais, Gautier, Edgard Quinet, entre outros. Posto isto, compõe uma de nossas propostas atentar para as possíveis funções que os dados supracitados assumem no corpo do texto de Castro Alves.

"O voo do Gênio"[2]

À atriz Eugênia Câmara

Um dia em que na terra a sós vagava
Pela estrada sombria da existência,
Sem rosas - nos vergéis da adolescência,
Sem luz d'estrela - pelo céu do amor;
Senti as asas de um arcanjo errante
Roçar-me brandamente pela fronte,
Como o cisne, que adeja sobre a fonte,
As vezes toca a solitária flor.

E disse então: "Quem és, pálido arcanjo!
Tu, que o poeta vens erguer do pego?
Eras acaso tu, que Milton cego
Ouvia em sua noite erma de sol?
Quem és tu? Quem és tu?"—"Eu sou o gênio",
Disse-me o anjo "vem seguir-me o passo,
Quero contigo me arrojar no espaço,
Onde tenho por c'roas o arrebol".
"Onde me levas, pois?..."—"Longe te levo

2 Publicado no *Diário de Pernambuco* 18 de junho de 1866.

Ao país do ideal, terra das flores,
Onde a brisa do céu tem mais amores
E a fantasia-lagos mais azuis..."
E fui... e fui... ergui-me no infinito,
Lá onde o vôo d'águia não se eleva...
Abaixo-via a terra-abismo em treva!
Acima-o firmamento— abismo em luz!

"Arcanjo! arcanjo! que ridente sonho!"
— "Não, poeta, é o vedado paraíso,
Onde os lírios mimosos do sorriso
Eu abro em todo o seio, que chorou,
Onde a loura comédia canta alegre,
Onde eu tenho o condão de um gênio infindo,
Que a sombra de Molière vem sorrindo
Beijar na fronte, que o Senhor beijou..."

"Onde me levas mais, anjo divino?"
— "Vem ouvir, sobre as harpas inspiradas,
O canto das esferas namoradas,
Quando eu encho de amor o azul dos céus.
Quero levar-te das paixões nos mares.
Quero levar-te a dédalos profundos,
Onde refervem sóis... e céus... e mundos...
Mais sóis... mais mundos, e onde tudo é meu...

"Mulher! mulher! Aqui tudo é volúpia:
A brisa morna, a sombra do arvoredo,
A linfa clara, que murmura a medo,
A luz que abraça a flor e o céu ao mar.
Ó princesa, a razão já se me perde,
És a sereia da encantada Sila.
Anjo, que transformaste-te em Dalila,
Sansão de novo te quisera amar!

"Porém não paras neste vôo errante!
A que outros mundos elevar-me tentas?
Já não sinto o soprar de auras sedentas,
Nem bebo a taça de um fogoso amor.
Sinto que rolo em báratros profundos...
Já não tens asas, águia da Tessália,
Maldições sobre ti... tu és Onfália,
Ninguém te ergue das trevas e do horror.

"Porém silêncio! No maldito abismo,
Onde caí contigo criminosa,
Canta uma voz, sentida e maviosa,
Que arrependida sobe a Jeová!
Perdão! Perdão! Senhor, p'ra quem soluça,
Talvez seja algum anjo peregrino...
Mas não! inda eras tu, gênio divino,
Também sabes chorar, como Eloá?

"Não mais, ó serafim! suspende as asas!
Que, através das estrelas arrastado,
Meu ser arqueja louco, deslumbrado.
Sobre as constelações e os céus azuis.
Arcanjo! Arcanjo! basta... já contigo
Mergulhei das paixões nas vagas cérulas...
Mas nos meus dedos — já não cabem —perólas-
Mas na minh'alma — já não cabe — luz!.

Recife, maio de 1866.
(ALVES, 1997, p. 104)

No "Voo do gênio" a viagem é metafórica. O percurso feito é guiado pelo Gênio nos meandros da criação poética. O vate, então, em razão da missão a ele confiada, tem em seu domínio o poder de simbolizar o instante que se passa. Desse modo, sua experiência, inexplicável pelo âmbito da racionalidade, passa a ser lida como escrita permanente. Com o auxílio do arcanjo, o viajante passa por diferentes esferas de conhecimentos e imagens. Inicialmente ele se encontra sozinho, vagando na terra. Poderíamos, nesse ponto, ler a construção "pela estrada sombria da existência" e traduzi-la como resquício de sua ignorância no que diz respeito às vicissitudes do mundo.

A segunda estrofe apresenta a referência a John Milton, um dos principais representantes do classicismo inglês, autor do conhecido livro *Paraíso Perdido*, publicado em 1667, obra-prima que narra a queda de Lúcifer. O escritor foi preso e acabou ficando cego, o que responde pelo fato dessa obra ter sido ditada. Decorre, desse feito, a pergunta alvesiana: "Eras acaso tu, que Milton cego/ Ouvia em sua noite de sol?".

O gênio, em seguida, o conduz para o "vedado paraíso", onde, não por acaso, a "sombra de Molière vem sorrindo". Trata-se da referência direta à obra *Ombre de Molière*, de Guillaume Marcoureau de Brécourt – obra em sete volumes, organizada por Denis Thierry e Claude Barbin, em 1675, cujos seis primeiros apresentam peças de Molière e o sétimo a de Brécourt –, na qual o comediante é confrontado em um tribunal por várias de suas personagens, as intituladas "sombras". Vê-se claramente a transformação do criador em criatura. O comediante passa a fazer, por meio do intertexto, com a obra de Brécourt, parte do legado literário, não apenas na condição de gênio, mas, também, como produto deste. A presença, nesse caso, não se limita, apesar do nome citado, à alusão à pessoa. Ao utilizar esse intertexto nosso autor se refere, via outro texto, às personagens criadas por ele, assim como refaz a possibilidade de autodefesa já efetivada outrora. Em Castro Alves, Molière ganha nova voz.

Ainda nessa mesma direção investigativa, vemos que ambos- poeta e gênio – dirigem-se aos "dédalos profundos", onde "tudo é volúpia", passando pelo explicito intertexto "Ô princesa, a razão já se me perde", trecho retirado da obra *Dalila*, de Octave Feuillet. Drama em cinco atos, narra a história do jovem músico André Roswein, que, apesar de seu amor por Marthe, filha de Sertorius, seu professor, acaba cedendo aos encantos da bela Leonora Falconieri, perdendo, consequentemente, seu estímulo para compor músicas; no poema alvesiano, o eu lírico conhece perfeitamente a natureza da mulher, ao contrário do personagem de Octave Feuillet, o qual perde tudo em decorrência do amor. Nessa, assim como em outras poesias, a relação amorosa auxilia na produção escrita. Aqui a princesa não enfraquece completamente o bardo, mas auxilia seu aprendizado. O verso traduzido e transcrito, "Madame vous jouez avec ma raison", está presente no segundo ato, quadro II do drama. A atriz portuguesa Eugênia Câmara, a quem o poema é dedicado, representou no palco algumas vezes o papel de Leonora e teria inspirado, de acordo com notas de Eugênio Gomes (Alves, 1997, p. 87), a criação do poema "Dalila" (1864).

Ainda na sexta estrofe, deparamo-nos com Dalila, personagem bíblica que seduziu e traiu Sansão ("Anjo, que transformarte-te em Dalila/ Sansão de novo te quisera amar!"). O gênio, então, refez-se nessa figura bíblica emblemática, retirando, metaforicamente, toda sua força. Nesse sentido, a criação poética é, ao mesmo tempo, o bálsamo e a perdição, embora o último verso expresse a inerência entre o poeta e o poetizar.

No "abismo" o "Gênio" chora como Eloá (do poema homônimo de Alfred de Vigny, ALVES, 1997, p. 807). Nesse poema, Eloá acredita salvar Lúcifer, mas, na verdade, cai em uma armadilha e vai para o inferno. Suas lágrimas simbolizam, portanto, arrependimento.[3] Em "Impressões de Teatro", afirma o nosso escritor: "Mas a escola mais perniciosa de nossos dias é a de Vigny. É Chatterton declamatório, que brada ao beber veneno: "Ô minha alma, eu te havia vendido, agora te resgato (...)" (ALVES, 1997, p. 716).

Se considerarmos ainda a metamorfose do arcanjo, podemos perceber que existe coerência nas escolhas alvesianas, ou seja, as referências são apontadas de acordo com a imagem que o poeta procura definir. Ela esclarece, inclusive, a transmutação dos autores e suas respectivas citações. Inicialmente, o "pálido arcanjo", nomeando-se gênio, está associado à figura de Milton. Em seguida, grafado apenas como "arcanjo", depara-se com Molière. Posteriormente, ao se transformar em "mulher", é comparado à personagem de Octave Feuillet. Na oitava estrofe, sob a alcunha de "criminosa", lembra o episódio de Eloá, de Alfred de Vigny.

Nosso poeta reúne significados fragmentados e dispersos da literatura francesa que, de forma justaposta, permitem a construção do sentido castroalvino para a concepção de gênio, ou seja, os dados citados e aludidos integram-se ao texto, sequenciando a continuidade de sentido de modo a formar essa visão multifacetada e complexa, nesse caso também chamada de "Mulher".

Disso depreende-se que a presença francesa não funciona como mero atrativo ou representa um diletantismo por parte

---

3 A respeito da imagem da mulher nessa poesia de Vigny, de acordo com as palvaras de Paul Bénichou, há uma espécie de "promoção teológica do feminino como agente de redenção" (2004, p. 359).

do autor. Se considerarmos a sequência do percurso seguido, a saber, terra, país do ideal, vedado paraíso, dédalos profundos, abismo e, finalmente, a compreensão de sua missão como poeta, podemos concluir seguramente que o dado francês completa as lacunas imagéticas que expressam a capacidade de apreensão desse ser superior. Dito de outra maneira, no ato de autoconhecimento o vate deve, necessariamente, passar pela referência francesa. Esta funciona, assim, como apanágio de sua condição. Contudo, as duas negativas finais iniciadas com o adversativo "Mas (...) nos meus dedos - já não cabem – pérolas-/ na minh'alma já não cabe – luz!" esboçam uma crise, um impasse, isto é, o eu lírico sente-se impotente diante do que foi visto. Ele olha para o mundo – representado na poesia pelas obras citadas pelo poeta – e procura dar expressão a esse olhar, revisitando o legado literário com o intuito de compreender, via exemplo exterior, a natureza de sua missão. A mencionada debilidade é, portanto, fruto da proeminência dos nomes elencados. O eu empírico, à luz de seu gênio, é confrontado com tais modelos e sente-se diminuído.

A função da presença francesa é, nesse caso, reiterar o legado existente como força motriz para explicitar, mediante o trato literário com nomes já conhecidos dos leitores, como Molière, Octave Feuillet e Alfred de Vigny, a sensibilidade e a complexidade que caracterizam o gênio, bem como o ato de criação poética. O ato de escrever é regido diretamente pela recriação. No caso de Castro Alves, o dado francês forma um amálgama que esboça muito do projeto do escritor brasileiro, qual seja: o ato de extrair dados da cultura francesa, fonte de sua dileção, e inscrevê-los em sua obra reelaborando-os a serviço do seu discurso. Sobretudo porque, como é esse o caso, as referências são incorporadas e trabalhadas em função da criação de sua concepção de gênio. O intercâmbio cultural desse poema diz, portanto, muito acerca do poeta dos escravos e sua inextricável necessidade de ser plural.

"COUP D'ÉTRIER"

É preciso partir! Já na calçada
Retinem as esporas do arrieiro;
Da mula a ferradura tacheada
Impaciente chama o cavaleiro;
A espaços ensaiando uma toada
Sincha as bestas o lépido tropeiro ...
Soa a celeuma alegre da partida,
O pajem firma o loro e empunha a brida.

Já do largo deserto o sopro quente
Mergulha perfumado em meus cabelos.
Ouço das selvas a canção cadente
Segredando-me incógnitos anelos.
A voz dos servos pitoresca, ardente
Fala de amores férvidos, singelos ...
Adeus! Na folha rota de meu fado
Traço ainda um — adeus — ao meu passado.

Um adeus! E depois morra no olvido
Minha história de luto e de martírio,
As horas que eu vaguei louco, perdido
Das cidades no tétrico delírio;
Onde em pântano turvo, apodrecido
D'íntimas flores não rebenta um lírio...
E no drama das noites do prostíbulo
É mártir — alma... a saturnal — patíbulo!

Onde o Gênio sucumbe na asfixia
Em meio à turba alvar e zombadora;
Onde Musset suicida-se na orgia,
E Chatterton na fome aterradora!
Onde, à luz de uma lâmpada sombria,
O Anjo-da-Guarda ajoelhado chora,
Enquanto a cortesã lhe apanha os prantos
P'ra realce dos lúbricos encantos! ...

Abre-me o seio, ó Madre Natureza!
Regaços da floresta americana,
Acalenta-me a mádida tristeza
Que da vaga das turbas espadana.
Troca dest'alma a fria morbideza
Nessa ubérrima seiva soberana! ...
O Pródigo ... do lar procura o trilho ...
Natureza! Eu voltei ... e eu sou teu filho!

Novo alento selvagem, grandioso
Trema nas cordas desta frouxa lira.
Dá-me um plectro bizarro e majestoso,
Alto como os ramais da sicupira.
Cante meu gênio o dédalo assombroso
Da floresta que ruge e que suspira,
Onde a víbora lambe a parasita ...
E a onça fula o dorso pardo agita!

Onde em cálix de flor imaginária
A cobra de coral rola no orvalho,
E o vento leva a um tempo o canto vário
D'araponga e da serpe de chocalho...
Onde a solidão é o magno estradivário
Onde há músc'los em fúria em cada galho,
E as raízes se torcem quais serpentes...
E os monstros jazem no ervaçal dormentes.

E se eu devo expirar... se a fibra morta
Reviver já não pode a tanto alento...
Companheiro! Uma cruz na selva corta
E planta-a no meu tosco monumento!...
Da chapada nos ermos... (o qu'importa?)
Melhor o inverno chora... e geme o vento.
E Deus para o poeta o céu desata
Semeado de lágrimas de prata!...

Curralinho, 1 de junho de 1870.
(ALVES, 1997, p. 205).

Como o nome da poesia indica, "Coup d´étrier",[4] é chegado o momento de partir. O título empregado vem da expressão francesa "boire le coup d´étrier", que significa tomar o último gole antes da partida. No texto brasileiro, a expressão se traduz em: Com o pé no estribo, assim como indica a nota de publicação.

O poema exibe, de modo claro, a oposição campo x cidade, natureza x cultura e Brasil x Europa. Como se sabe, o contraste entre campo e cidade remonta à antiguidade clássica.[5] O primeiro foi associado, sobretudo ao modo natural de vida e, portanto, à simplicidade e à virtude. Já a segunda enfeixou a visão do desenvolvimento, das realizações, da luz e do conhecimento. Todavia, ambas as imagens também carregam seus pontos negativos: à vida campestre ligou- se à mácula de atraso, de ignorância e limitação, ao passo que à vida citadina

---

4 "Na Biblioteca Nacional, com o título 'Com o pé no estribo'" (ALVES, 1997, p. 819, notas).

5 Sobre essa discussão vide: WILLIAMS, Raymond. *O Campo e a Cidade na história e na literatura*. Trad. Paulo Henriques Britto. Companhia das Letras. São Paulo: 1989.

incorporou-se a ideia de promiscuidade, de barulho, de boemia e de ambição.

Na primeira estrofe desenha-se o quadro da suposta partida, já sugerida pelo título. Em seguida, na terceira estrofe, o eu lírico começa a definir o quadro de oposição, nos termos acima assentados, entre campo e cidade. Esta última perfaz o lugar de todas as perdições: "(...) onde vaguei louco perdido/ (...) tétrico delírio, "Onde o Gênio sucumbe na asfixia". O espaço urbano é claramente definido como meio de todas as adversidades. Não por acaso, portanto, dá-se a escolha dos vocábulos "pântano turvo", "apodrecido" e "patíbulo". Até mesmo os símbolos culturais, Chatterton e Musset, citados na quarta estrofe, auxiliam na composição do quadro nocivo, definido como causador da morte de ambos.

As passagens posteriores vão retratar o campo, "Madre Natureza", "floresta americana", como espaço diretamente antagônico ao "patíbulo". Desse modo, os termos empregados são "regaços" e "seiva soberana", e o eu poético, por seu turno, se define como filho pródigo. O campo semântico relativo a esse espaço é associado à realidade local: "tropeiro", "selva", "sicupira", "floresta", "onça", "víbora", "cobra" e "araponga".

Desse modo, pode-se inferir que a cidade se refere à cultura e à Europa – Chatterton, Musset e ao próprio título do poema. Porém a mesma também é definida como lugar de todas as mazelas, sem a vestimenta eurocêntrica de civilização. O campo, diametralmente oposto, é o Brasil, caracterizado como "floresta americana", pitoresco e "selvagem", mas destituído dos aspectos negativos. Essa oposição é historicamente definida: o Brasil (campo), na condição de país gestado no seio do sistema colonial e atrasado culturalmente, representaria o elo mais fraco, ao passo que a Europa (cidade), desenvolvida e civilizada, representaria evidentemente o mais forte. Assim, no enfrentamento dos dois polos a superação garantiria a hegemonia dos padrões do dominante. Contudo, o discurso castroalvino não redunda na dualidade estereotipada civilização/ barbárie, Brasil/ Europa, ou, ainda, na predominância da cultura citadina sobre a campesina, mas sim na convivência das referências cosmopolitas, das quais não poderia se alhear, com a realidade local.

Nosso poeta utiliza a fauna e a flora como símbolo de identidade, mas não cai na hipérbole do nativismo, isto é, o poema não trabalha com ingênuas comparações entre Europa e Brasil. Na verdade, a comparação é efetivada por meio da conhecida dicotomia campo x cidade e embora os referentes estrangeiros estejam, digamos, intoxicados pelo discurso negativista alvesiano na construção da imagem urbana, eles estão sempre presentes. Assim sendo, o elemento estrangeiro é incorporado ao texto brasileiro como mais um componente da formação do eu lírico que, mesmo estando no espaço periférico, conhece e se reconhece nos referentes culturais centrais.

"Boa-noite"[6]

Veux-tu donc partir? Le jour est encore éloigné;
C'était le rossignol et non pas l'alouette,
Dont le chant a frappé ton oreille inquiète;
Il chante la nuit sur les branches de ce grenadier,
Crois-moi, cher ami, c'était le rossignol.
Shakespeare.

6 Publicdo no *O Acadêmico* (nº14, 24 de outubro de 1868).

BOA NOITE, Maria! Eu vou-me embora.
A lua nas janelas bate em cheio.
Boa noite, Maria! É tarde... é tarde. .
Não me apertes assim contra teu seio.

Boa noite! ... E tu dizes — Boa noite.
Mas não digas assim por entre beijos...
Mas não mo digas descobrindo o peito,
— Mar de amor onde vagam meus desejos!

Julieta do céu! Ouve... a calhandra
já rumoreja o canto da matina.
Tu dizes que eu menti? ... pois foi mentira...
Quem cantou foi teu hálito, divina!

Se a estrela-d'alva os derradeiros raios
Derrama nos jardins do Capuleto,
Eu direi, me esquecendo d'alvorada:
"É noite ainda em teu cabelo preto..."

É noite ainda! Brilha na cambraia
— Desmanchado o roupão, a espádua nua
O globo de teu peito entre os arminhos
Como entre as névoas se balouça a lua. . .

É noite, pois! Durmamos, Julieta!
Recende a alcova ao trescalar das flores.
Fechemos sobre nós estas cortinas...
— São as asas do arcanjo dos amores.

A frouxa luz da alabastrina lâmpada
Lambe voluptuosa os teus contornos...
Oh! Deixa-me aquecer teus pés divinos
Ao doudo afago de meus lábios mornos.

Mulher do meu amor! Quando aos meus beijos
Treme tua alma, como a lira ao vento,
Das teclas de teu seio que harmonias,
Que escalas de suspiros, bebo atento!

Ai! Canta a cavatina do delírio,
Ri, suspira, soluça, anseia e chora. . .
Marion! Marion!... É noite ainda.
Que importa os raios de uma nova aurora?!...

Como um negro e sombrio firmamento,
Sobre mim desenrola teu cabelo...
E deixa-me dormir balbuciando:
— Boa noite! — formosa Consuelo.
S. Paulo, 27 de agosto de 1968.
(ALVES, 1997, p. 122).

Esse poema também já foi analisado no estudo anterior.[7] No entanto, detivemo-nos, nessa ocasião, no exame da presença hugoana. As linhas que seguem têm o objetivo, primeiramente, de atentar para a presença de George Sand, representada na figura de sua personagem Consuelo, e, num segundo momento, cotejá-la à analise já realizada.

A epígrafe estabelece um diálogo com a obra *Romeu de Julieta*, de Shakespeare. É importante observar que mesmo se tratando de uma obra mundialmente conhecida em língua inglesa, o excerto dela extraído foi citado em francês, o que reitera a inti-

---

7 SOUSA, Cleonice F. de. *Projeções do Romantismo pelas asas de um condor: a presença hugoana em poemas da obra de Castro Alves.* Dissertação de Mestrado – Universidade de São Paulo, Faculdade de Filosofia, Letras e Ciências Humanas, São Paulo. 2011.

midade de nosso autor com essa língua. A respeito desse trecho, lê-se, nas notas da *Obra Completa*, a seguinte informação:

> Publ. N'*O Acadêmico* (nº 124, 7 de maio 1868). Com epígrafe de Musset:"Et c'est un vieux mensonge à plaisir invente/ que de croire au bonheur hors de la volupté". Palavras de Rodolph no diálogo com Albert, através do poema "Idylle", enquanto os dois amigos bebem, noite adentro, até que aponta a primeira claridade do dia e o idílio termina. O autor teria recebido ali a sugestão inicial, mas a sua poesia reflete principalmente a peça *Romeu e Julieta*, conforme a epígrafe de Shakespeare, adotada depois. (ALVES, 1997, p. 809).

Seja com a epígrafe francesa ou com a passagem de Shakespeare, "Boa-noite" reflete a ideia de morte ou de despedida, aliada à ideia de vida, que nesse caso aparece transposta no sensualismo explícito. Nesse sentido, é possível vislumbrar em *Romeu e Julieta* e no verso de Musset que o amor físico seria, pois, uma maneira prática de emudecer a noção de morte, sem, contudo, anulá-la, usando-a como substrato à ampliação do desejo de viver.

Não obstante a passagem anterior, o que nos interessa mais de perto ganha contorno na última estrofe, na qual se delineia o seguinte verso:

> Como um negro e sombrio firmamento,
> Sobre mim desenrola teu cabelo...
> E deixa-me dormir balbuciando:
> — Boa- noite! –, formosa Consuelo!...

Há na poesia uma gradação na maneira de nominar a figura feminina. Inicialmente, a mulher é apresentada como Maria, nome comum no Brasil. Em seguida, ela é chamada Julieta, Mulher, Marion e, por último, formosa Consuelo. Ocorre também a unificação de seu corpo, visto metonimicamente pelas partes: seio, peito, cabelo, pés, espádua. É, entretanto, nos braços de Consuelo que nosso eu lírico encontra repouso. Desse modo,

> Castro Alves ama a diversas donas, canta-as todas e a todas aumenta em poesia. Mas também as ama com uma sinceridade de amor, que não é só gozo sensual não. Todos os seus amores, são amores eternos. Canta, e, sem querer, prega uma pansexualidade reconhecida e aceita. Este é um lado por onde o sinto extremamente simpático, essa conquista ao direito de amar, variada e sempre sinceramente. (ANDRADE, 1972, p. 110)

A personagem de George Sand também foi pretexto para outra poesia, "Consuelo", escrita em 1871 e dedicada a D. Agnese. Na primeira estrofe, temos:

> Nunca leste- Consuelo-, a página fulgente
> Que George Sand, a loura,[8] encheu de encanto e luz?
> Este sonho onde o céu, da terra passa rente...
> Onde o amor, a harmonia e a graça brincam nus?...
> (ALVES, 1997, p. 479).

8 De acordo com as notas da Obra Completa: O autor repete parcialmente o verso de Alvares de Azevedo "George Sand- a loura- com seu viver desvairoso". A romancista tinha cabelos negros, mas Castro Alves não quis modificar o verso (ALVES, 1997, p. 862).

De origem espanhola, com pai desconhecido, dona de uma voz excepcional, Consuelo é descoberta pelo grande mestre Porpora. Possui talento para ser uma grande artista, porém, ao contrário do adjetivo a ela atribuído por nosso poeta, é descrita sem grandes atrativos:

> Son visage tout rond, blême est insignifiant, n'eût frappé personne, si ses cheveux courts, épais et rejetés derrière ses oreilles, en même temps que son air sérieux et indifférent à toutes les choses extérieures, ne lui eussent donné une certaine singularité peu agréable (SAND, 2004, p. 29).[9]

A protagonista do romance francês se distingue das demais personagens mencionadas por ser uma artista. Sua habilidade para o canto exerce poder de atração, o que poderia justificar a adjetivação "formosa", presente no poema brasileiro. Trata-se de uma mulher ímpar, cujo gênio está intimamente ligado aos sentimentos. Nesse sentido, ela mantém a pureza mesmo diante de um mundo desordeiro e corrompido. Em outros termos, a mulher artista conserva seus valores morais apesar do ambiente em que vive. Nessa direção, o teatro é visto como ambiente de todas as perversões. No entanto, mesmo em face disso, a heroína não expressa ambiguidade: sacrifica sua adolescência para cuidar da mãe doente. Ao final, Consuelo reconcilia sua vocação artística com sua vida cotidiana. Na avaliação de Arlette Michel,

---

9 O seu rosto redondo, pálido é insignificante, não teria sensibilizado ninguém, se os seus cabelos curtos, grossos e atirados para trás das orelhas, ao mesmo tempo que o seu ar sério e indiferente ao exterior, não lhe tivessem dado uma certa singularidade pouco prazerosa. (SAND, 2004, p. 29, tradução nossa).

> Ce qu'apprend Consuelo, c'est en effet essentiellement l'amour: en cela elle accomplit en plénitude sa vocation de femme. En quête de son identité, elle la découvre dans l'harmonie enfin réalisé de tous ses possibles. Comment être femme et artiste? Ces deux vocations lui paraissent longtemps exclusives l'une de l´autre. Elle croit qu'elle pourra se réaliser par le sacrifice, le renoncement: si elle peut apporter, comme l'ateste son prénom espagnol, consolation à l'âme souffante d´Albert de Rudolstadt, ne doit-elle pas l'épouser? L'estime et la compassion ne sont pas l´amour: en revanche, ici comme dans *Mauprat* et dans les *Sept Cordes de la Lyre*, l´amour est espérience du sacré vécue dans la plénitude de l´humain. Parce qu'il lui sera enfin donné d´éprouver l´amour fou pour Albert, Consuelo sera prête a assumer avec lui, dans le mariage, la rencontre avec la souffrance universelle: alors, par-delà le tragique, elle entre dans la vraie joie qui est dépouillement accepté. Elle peut chanter un hymne à "la bonne déesse de la pauvreté" et acquiescer à ce qui, dans la bouche d´Albert, est une prophétie: "Que l´humanité est belle!" (MICHEL apud AMBRIÈRE, 1990, p. 272).[10]

---

10 O que Consuelo aprende é, na verdade, essencialmente o amor: nisso ela cumpre plenamente a sua vocação de mulher. Em busca de sua identidade, ela a descobre na harmonia finalmente percebida de todas as suas possibilidades. Como ser mulher e artista? Essas duas vocações pareceram-lhe por muito tempo mutuamente exclusivas. Ela acredita que pode ser realizada através do sacrifício, da renúncia: se ela pode trazer, como seu nome em espanhol atesta, consolo para a alma sofredora de Albert de Rudolstadt, ela não deveria se casar com ele? Estima e compaixão não são amor: por outro lado, aqui como em Mauprat e nas *Sete Cordas da Lira*, o amor é uma experiência do sagrado vivido na plenitude do humano. Porque finalmente

Consuelo e as demais personagens mencionadas ganham vida corpórea na figura de Maria. Esta, consequentemente, é representada também a partir de dados literários. A esse respeito, defende Barreto:

> Como possuem as musas perfis distintos, merecem, por parte dele [Castro Alves], também tratamento diferenciado mesmo que se trate ainda do mesmo motivo: a paixão, o desejo, a sedução. Castro Alves tal qual Don Juan adapta sua linguagem ao seu objeto desejo (BARRETO, 2004, p. 5).

Esse é um aspecto pouco discutido na crítica alvesiana: a presença de negras, judias, prostitutas, virgens descritas de forma variada e, por vezes, confundidas entre si, ora ou outra comparadas a grandes nomes da literatura mundial. Esse amálgama, que constitui a mulher nos poemas de Castro Alves, é, a nosso ver, uma forma de romper os inúmeros preconceitos do período, assim como uma valorização da mulher, no geral, e da brasileira, em particular.

Prova desse intuito é o constante apelo aos exemplos reiterados ao longo de sua obra, seja pelo desejo de dialogar com a cultura existente, seja por meio da clara invocação às figuras femininas, literárias ou reais, como modelos a serem seguidos:

---

lhe será dado sentir o amor louco por Albert, Consuelo estará disposta a assumir com ele, no casamento, o encontro com o sofrimento universal: então, para além do trágico, ela entra na real alegria que é despojamento aceito. Ela pode cantar um hino à "boa deusa da pobreza" e concordar com o que Albert diz ser uma profecia: "Quão bela é a humanidade!"(MICHEL *apud* AMBRIÈRE, 1990, p. 272, tradução nossa).

> Ainda mais porque sois filhas desta magnífica terra da América – pátria das utopias, região criada para a realização de todos os sonhos de liberdade, – de toda a extinção de preconceitos, de toda conquista moral. A terra, que realizou a emancipação dos homens, há de realizar a emancipação da mulher. A terra, que fez o sufrágio universal, não tem o direito de recusar o voto da metade da América.
>
> E esse voto é vosso.
>
> É o voto dessas mães de famílias que aprenderam no amor de seus filhos a ternura pelas crianças... *ainda que negras*. É o voto dessas virgens puríssimas que choram de ver cenas repugnantes da escravidão turbando a poesia da família. (ALVES, 1997.p. 772).

Passemos à imagem do amor. Na obra de George Sand, não se apresenta de forma trágica, tal como ocorre em *Romeu e Julieta* ou *Marion de Lorme*. Julieta prefere a morte a viver sem o amado, Marion, por sua vez, trai Didier, mas com o intuito de salvá-lo da forca. Ambas sucumbem, cada uma a seu modo, por amor. Consuelo, magoada por sua primeira afeição platônica, decide se casar com Albert *in extremis*, mas descobre o amor verdadeiro na devoção aos outros, aos humildes, para quem sua arte servira de consolo. Se a primeira obra empresta ao poema brasileiro um cenário romanesco conhecido, a segunda, em sua penúltima estrofe, confere a Maria a variedade liberdade do amor ("Ri, suspira, soluça, anseia e chora"). Consuelo atribui à multifacetada Maria brasileira a dignidade, a abnegação e o conforto para o final do ato amoroso.

A presença francesa, no corpo do poema castroalvino, expressa algo da ambiguidade humana retratada pelos românticos. Trata-se da mulher passional, sensual, apaixonada, altruísta e livre. Assim sendo, reiterar as personagens literárias da nação de Molière consiste, para Castro Alves, em um procedimento por meio do qual a mulher brasileira é vista de modo a dar-lhe contornos mais amplos.

Sendo assim, a presença hugoana e a de George Sand presta um duplo serviço: auxilia tanto na representação de Maria, inserindo-a no plano literário, quanto compondo as representações físicas das figuras femininas, dando-lhes vida tangível e revestido-as de novos significados.

"Quem dá aos pobres empresta a Deus"[11]

EU, QUE A POBREZA de meus pobres cantos
Dei aos heróis - aos miseráveis grandes -,
Eu, que sou cego, - mas só peço luzes...
Que sou pequeno, - mas só fito os Andes...,
Canto nest'hora, como o bardo antigo
Das priscas eras, que bem longe vão,
O grande NADA dos heróis, que dormem
Do vasto pampa no funéreo chão...

Duas grandezas neste instante cruzam-se!
Duas realezas hoje aqui se abraçam!...
Uma - é um livro laureado em luzes...
Outra - uma espada, onde os lauréis se enlaçam.
Nem cora o livro de ombrear co'o sabre...
Nem cora o sabre de chamá-lo irmão...
Quando em loureiros se biparte o gládio
Do vasto pampa no funéreo chão.

11 Publicado no *O Acadêmico* (nº13, São Paulo, 10 de Outubro de 1868)

E foram grandes teus heróis, ó pátria, –
Mulher fecunda, que não cria escravos –,
Que ao trom da guerra soluçaste aos filhos:
“Parti - soldados, mas voltai-me - bravos!”
E qual Moema desgrenhada, altiva,
Eis tua prole, que se arroja então,
De um mar de glórias apartando as vagas
Do vasto pampa no funéreo chão.

E esses Leandros do Helesponto novo
Se resvalaram - foi no chão da história...
Se tropeçaram - foi na eternidade...
Se naufragaram - foi no mar da glória...
E hoje o que resta dos heróis gigantes?...
Aqui - os filhos que vos pedem pão...
Além - a ossada, que branqueia a lua,
Do vasto pampa no funéreo chão.

Ai! quantas vezes a criança loura
Seu pai procura pequenina e nua,
E vai, brincando co’o vetusto sabre,
Sentar-se à espera no portal da rua...
Mísera mãe, sobre teu peito aquece
Esta avezinha, que não tem mais pão!...
Seu pai descansa – fulminado cedro –
Do vasto pampa no funéreo chão.

Mas, já que as águias lá no sul tombaram
E os filhos d’águias o Poder esquece...
É grande, é nobre, é gigantesco, é santo!...
Lançai - a esmola, e colhereis - a prece!...
Oh! dai a esmola... que, do infante lindo

Por entre os dedos da pequena mão,
Ela transborda... e vai cair nas tumbas
Do vasto pampa no funéreo chão.

Há duas cousas neste mundo santas:
– O rir do infante, - o descansar do morto...
O berço - é a barca, que encalhou na vida,
A cova - é a barca do sidéreo pôrto...
E vós dissestes para o berço - Avante! -
Enquanto os nautas, que ao Eterno vão,
Os ossos deixam, qual na praia as âncoras,
Do vasto pampa no funéreo chão.

É santo o laço, qu'hoje aqui s'estreitam
De heróicos troncos - os rebentos novos -!
É que são gêmeos dos heróis os filhos,
Inda que filhos de diversos povos!
Sim! me parece que nest'hora augusta
Os mortos saltam da feral mansão...
E um "bravo!" altivo de além-mar partindo
Rola do pampa no funéreo chão!...

S. Salvador, 31 de outubro de 1867.
(ALVES, 1997, p. 81).

De acordo com as notas da *Obra Completa*,

> Esta poesia foi recitada no Teatro da Bahia num benefício que a sociedade Literária Portuguesa Gabinete de Leitura- deu em proveito dos órgãos da Guerra do Paraguai (...).
> O título corresponde à epígrafe de Victor Hugo: "Qui donne au pauvre, prête à Dieu", na poesia "Pour les pauvres", de *Les Feuilles d'automne* (ALVES, 1997, p. 802).

A poesia brasileira presta homenagem aos soldados "miseráveis grandes" mortos na guerra do Paraguai. Esse tema interessava muito aos estudantes e, como não poderia deixar de ser, surge em muitas páginas alvesianas. Nosso poeta ora presta homenagem aos estudantes voluntários, como em "A Maciel Pinheiro", ora chama os soldados para os campos de batalha, como em "O Século". Já na primeira estrofe, deparamo-nos com um dos versos mais conhecidos de nosso poeta "'Eu, que sou cego, - mas só peço Luzes.../ Que sou pequeno, - mas só fito os Andes". Percebe-se, portanto, nesse trecho, uma valorização não apenas do poeta, mas da nação. O adjetivo pequeno em relação aos Andes confirma a relatividade das grandezas. Em outras palavras, o Brasil seria pequeno em relação às nações colonizadoras, mas possuía força e bravura, como se pode comprovar a partir do referido conflito.

As oito estrofes terminam com o estribilho "Do vasto pampa no funéreo chão". O eu lírico chama atenção, por meio dessa repetição, para os acontecimentos históricos ocorridos no sul do Brasil. A frase afirmativa parece ressaltar a marca fúnebre que os acontecimentos deixaram em solo nacional, transformando o "vasto pampa" num sepulcro.

Na segunda estrofe, o eu lírico constrói uma oposição a partir dos vocábulos "livro", se referindo ao Real gabinete Português, e "espada", aludindo à guerra. Ambos, livro e espada, são descritos como "duas grandezas", "duas realezas".

Os heróis da pátria são a "prole" de Moema. Figura lendária na história brasileira, Moema foi a índia tupinambá que teria se apaixonado por Diogo Alves Correa, o Caramuru, com quem teve os primeiros mestiços brasileiros. A história é narrada na obra *Caramuru*, de José de Santa Rita Durão. Antonio Candido ressalta que essa obra foi vista por muitos escritores brasileiros como "encarnação do espírito particularista e nacional, que os românticos desejavam a todo custo vislumbrar no passado" (CANDIDO, 1965, p. 228). Todavia, no poema brasileiro a figura de destaque não é o homem branco civilizado, mas a índia, que clama aos filhos, os brasileiros, que lutem em nome da pátria.

Nas estrofes seguintes, o eu lírico pede auxílio para ajudar as famílias dos homens que morreram na guerra, "esses Leandros do Helesponto novo".[12] O eu poético compara a façanha dos soldados brasileiros à realizada pelo grego Leandro "/ Se tropeçaram- foi na eternidade/ Se naufragaram - foi no mar da glória".

Na última estrofe a voz poética defende:

> É santo o laço, em que s´estreitam
> De heroicos troncos- os rebentos novos –!
> Em que são gêmeos dos heróis os filhos,
> Inda que filhos de diversos povos
> (ALVES, 1997, p. 82).

Novamente, ganha contorno a alusão à formação étnica brasileira: "filhos de diversos povos" refere-se, portanto, à miscigenação cultural e étnica no Brasil. De uma maneira geral, a poesia é uma defesa à guerra. Fica patente a necessidade de defender a liberdade e a pátria nos campos de batalha. O estribilho assim lembra-nos o preço a ser pago pelo domínio do território nacional.

---

12 Trata-se do mito de Hero e Leandro. Este apaixonado por Hero, sacerdotisa de Afrodite, cruzava todas as noites o estreito de Darnanelos para encontrá-la, guiado por uma lanterna que ela deixava acesa; no entanto por conta de uma tempestade Leandro morre afogado e Hero, desesperada, se mata.

Cumpre salientar que, salvo a nota, não há referências diretas de agradecimento do doador do benefício às famílias dos soldados mortos. Na verdade, o elogio feito dirige-se diretamente aos combatentes.

Na sétima estrofe, o jogo antitético nascimento/ morte torna-se convergente por meio da concepção de Eterno. O poeta transforma em nauta e segue para o Eterno por intermédio do mar. Nessa passagem da vida, meramente física, à vida mais plena, a via de acesso se faz pela palavra.

A poesia de Victor Hugo aludida versa a respeito da disparidade entre ricos e Pobres.[13]

---

13 "Pour les pauvres"
Qui donne au pauvre prête à Dieu.
Victor HUGO.

Dans vos fêtes d'hiver, riches, heureux du monde,
Quand le bal tournoyant de ses feux vous inonde,
Quand partout à l'entour de vos pas vous voyez
Briller et rayonner cristaux, miroirs, balustres,
Candélabres ardents, cercle étoilé des lustres,
Et la danse, et la joie au front des conviés;

Tandis qu'un timbre d'or sonnant dans vos demeures
Vous change en joyeux chant la voix grave des heures,
Oh ! songez-vous parfois que, de faim dévoré
Peut-être un indigent dans les carrefours sombres
S'arrête, et voit danser vos lumineuses ombres
Aux vitres du salon doré?

Songez-vous qu'il est là sous le givre et la neige,
Ce père sans travail que la famine assiège?
Et qu'il se dit tout bas : « Pour un seul, que de biens!
À son large festin que d'amis se récrient!
Ce riche est bien heureux, ses enfants lui sourient.

Rien que dans leurs jouets, que de pain pour les miens! »

Et puis à votre fête il compare en son âme
Son foyer où jamais ne rayonne une flamme,
Ses enfants affamés, et leur mère en lambeau,
Et sur un peu de paille, étendue et muette,
L'aïeule, que l'hiver, hélas! a déjà faite
Assez froide pour le tombeau.

Car Dieu mit ses degrés aux fortunes humaines,
Les uns vont tout courbés sous le fardeau des peines;
Au banquet du bonheur bien peu sont conviés;
Tous n'y sont point assis également à l'aise,
Une loi, qui d'en bas semble injuste et mauvaise,
Dit aux uns: Jouissez! aux autres: ENVIEZ !

Cette pensée est sombre, amère, inexorable,
Et fermente en silence, au coeur du misérable.
Riches, heureux du jour, qu'endort la volupté,
Que ce ne soit pas lui qui des mains vous arrache,
Tous ces biens superflus où son regard s'attache;
Oh! que ce soit la charité!

L'ardente charité, que le pauvre idolâtre!
Mère de ceux pour qui la fortune est marâtre,
Qui relève et soutient ceux qu'on foule en passant,
Qui, lorsqu'il le faudra, se sacrifiant toute,
Comme le Dieu martyr dont elle suit la route,
Dira: Buvez, mangez ! c'est ma chair et mon sang !

Que ce soit elle, oh! oui, riches, que ce soit elle
Qui, bijoux, diamants, rubans, hochets, dentelle,
Perles, saphirs, joyaux toujours faux, toujours vains,
Pour nourrir l'indigent et pour sauver vos âmes,
Des bras de vos enfants et du sein de vos femmes
Arrache tout à pleines mains!

A fonte da frase hugoana é a Bíblia. São os Provérbios de Salomão: (19: 17) "Ser bondoso com os pobres é emprestar ao SENHOR, e ele nos devolve o bem que fazemos". Neles, o temor e a obediência ao senhor expressam o reconhecimento de

---

Donnez, riches! L'aumône est soeur de la prière,
Hélas! quand un vieillard, sur votre seuil de pierre,
Tout roidi par l'hiver, en vain tombe à genoux;
Quand les petits enfants, les mains de froid rougies,
Ramassent sous vos pieds les miettes des orgies,
La face du Seigneur se détourne de vous.

Donnez! afin que Dieu, qui dote les familles,
Donne à vos fils la force, et la grâce à vos filles;
Afin que votre vigne ait toujours un doux fruit;
Afin qu'un blé plus mûr fasse plier vos granges;
Afin d'être meilleurs; afin de voir les anges
Passer dans vos rêves la nuit.

Donnez, il vient un jour où la terre nous laisse.
Vos aumônes là-haut vous font une richesse,
Donnez, afin qu'on dise: Il a pitié de nous!
Afin que l'indigent que glacent les tempêtes,
Que le pauvre qui souffre à côté de vos fêtes,
Au seuil de vos palais fixe un oeil moins jaloux.

Donnez! pour être aimés du Dieu qui se fit homme,
Pour que le méchant même en s'inclinant vous nomme,
Pour que votre foyer soit calme et fraternel;
Donnez! afin qu'un jour, à votre heure dernière,
Contre tous vos péchés vous ayez la prière
D'un mendiant puissant au ciel.

Janvier 1830 (HUGO, 1967, Tradução não disponível)

sua soberania. Eles são responsáveis pela sabedoria, instrução e entendimento para saber como agir com justiça e equidade.

O texto hugoano configura, entretanto, uma defesa veemente dos pobres e mendigos. As últimas quatro estrofes começam com o imperativo Donnez, por meio do qual fica clara a compreensão de que o excesso de bens materiais é uma dádiva divina que deve ser retribuída com altruísmo. Essa escritura, inserida na poesia brasileira, destitui da doação a aura de benevolência, conferindo-lhe uma feição de dever. Nesse sentido, a "esmola" em favor da "prece" é a "prière" "D´un mendiant puissant au ciel".

A epígrafe hugoana ressoa, então, no poema brasileiro e traz o eco de uma provocação, tendo em vista que o poeta francês cita um provérbio bíblico, visto a principio como conselho ao bem agir, e o transforma em exigência. Em outras palavras, o auxílio aos pobres é descrito como uma obrigação, uma vez que os ricos já receberam muitas dádivas dos céus. Nota-se, a partir do texto francês confrontado ao bíblico (fonte primeira), a hipocrisia de muitos cristãos que desconhecem ou ignoram as palavras sagradas, vivendo nas "fêtes d´hiver, riches, heureux", sem prestar assistência aos mais necessitados.

O agradecimento ao Gabinete aparece, como mencionado, apenas em notas e, a bem da verdade, o corpo do texto, inclusive o estribilho, prestam homenagem somente à bravura dos soldados. Ademais, o constante apelo à nossa raiz histórica, expressa em "Moema", "vasto pampa", "diversos povos", enaltece o povo brasileiro com todos os seus contrastes e idiossincrasias, mas unido pelo intuito de defender a pátria. Assim, à crueza do fato histórico sobrepôs-se a visão artística castroalvina, vestida, no entanto, nas entrelinhas da acidez crítica do poeta francês.

"Os perfumes"

O sândalo é o perfume das mulheres de Estambul,
e das huris do profeta; como as borboletas,
que se alimentam do mel, a mulher do Oriente
vive com as gotas dessa essência divina.
J. DE ALENCAR

O Perfume é o invólucro invisível,
Que encerra as formas da mulher bonita.
Bem como a salamandra em chamas vive,
Entre perfumes a sultana habita.

Escrínio aveludado onde se guarda
— Colar de pedras – a beleza esquiva,
Espécie de crisálida, onde mora
A borboleta dos salões – a Diva.

Alma das flores – quando as flores morrem,
Os perfumes emigram para as belas,
Trocam lábios de virgens – por boninas,
Trocam lírios – por seios de donzelas!
E ali – silfos travessos, traiçoeiros
Voam cantando em lânguido compasso
Ocultos nesses cálices macios
Das covinhas de um rosto ou dum regaço.

Vós, que não entendeis a lenda oculta,
A linguagem mimosa dos aromas,
De Madalena a urna olhais apenas
Como um primor de orientais redomas;

E não vedes que ali na mirra e nardo
Vai toda a crença da Judia loura...
E que o óleo, que lava os pés do Cristo,
É uma reza também da pecadora.

Por mim eu sei que há confidências ternas,
Um poema saudoso, angustiado,
Se uma rosa de há muito emurchecida,
Rola acaso de um livro abandonado.

O espírito talvez dos tempos idos
Desperta ali como invisível nume...
E o poeta murmura suspirando:
"Bem me lembro... era este o seu perfume!"

E que segredo não revela acaso
De uma mulher a predileta essência?
Ora o cheiro é lascivo e provocante!
Ora casto, infantil, como a inocência!

Ora propala os sensuais anseios
D'alcova de Ninon ou Margarida,
Ora o mistério divinal do leito,
Onde sonha Cecília adormecida.
Aqui, na magnólia de Celuta
Lambe a solta madeixa, que se estira.
Unge o bronze do dorso da cabocla,
E o mármore do corpo da Hetaíra.

É que o perfume denuncia o espírito
Que sob as formas feminis palpita...
Pois como a salamandra em chamas vive,
Entre perfumes a mulher habita.

Curralinho, 21 de Junho de 1870.
(ALVES, 1997, p. 186).

A epígrafe de José Alencar foi retirada da obra *Cinco Minutos.* Trata-se de uma descrição do perfume de Carlota:

> Nesta marcha, o meu espirito em alguns instantes tinha chegado a uma convicção inabalável sobre a fealdade de minha vizinha. Para adquirir a certeza renovei o exame que tentara a princípio: porém, ainda desta vez, foi baldado; estava tão bem envolvida no seu mantelete e no seu véu, que nem um traço do rosto traía o seu incógnito. Mais uma prova! Uma mulher bonita deixa-se admirar e não se esconde como uma pérola dentro da sua ostra. Decididamente era feia, enormemente feia!
>
> Nisto ela fez um movimento, entreabrindo o seu mantelete, e um bafejo suave de aroma de sândalo exalou-se. Aspirei voluptuosamente essa onda de perfume, que se infiltrou em minha alma como um eflúvio celeste. Não se admire, minha prima; tenho uma teoria a respeito dos perfumes. A mulher é uma flor que se estuda, como a flor do campo, pelas suas cores, pelas suas folhas e sobretudo pelo seu perfume. Dada a cor predileta de uma mulher desconhecida, o seu modo de trajar e o seu perfume favorito, vou descobrir com a mesma exatidão de um problema algébrico se ela é bonita ou feia. De todos estes indícios, porém, o mais seguro é o perfume; e isto por um segredo da natureza, por uma lei misteriosa da criação, que não sei explicar. Por que é que Deus deu o aroma mais delicado à rosa, ao heliotrópio, à violeta, ao jasmim, e não a essas flores sem graça e sem beleza, que só servem para realçar as suas irmãs?
>
> É decerto por esta mesma razão que Deus só dá à mulher linda esse tato delicado e sutil, esse gosto apurado, que sabe distinguir o aroma mais perfeito…

> Já vê, minha prima, porque esse odor de sândalo foi para mim como uma revelação.
> Só uma mulher distinta, uma mulher de sentimento, sabe compreender toda a poesia desse perfume oriental, desse hat-chiss do olfato, que nos embala nos sonhos brilhantes das Mil e uma Noites, que nos fala da Índia, da China, da Pérsia, dos esplendores da Ásia e dos mistérios do berço do sol. O sândalo é o perfume das odaliscas de Istambul e das huris do profeta; como as borboletas que se alimentam de mel, a mulher do Oriente vive com as gotas dessa essência divina.
> Seu berço é de sândalo; seus colares, suas pulseiras, o seu leque, são de sândalo; e, quando a morte vem quebrar o fio dessa existência feliz, é ainda em uma urna de sândalo que o amor guarda as suas cinzas queridas. Tudo isto me passou pelo pensamento como um sonho, enquanto eu aspirava ardentemente essa exalação fascinadora, que foi a pouco e pouco desvanecendo-se. Era bela! (ALENCAR, 1860, p. 96)

Conclui-se, portanto, a partir do trecho, a relevância do olfato, tendo em vista que Carlota escondia o rosto sob um véu, ação que criava uma aura de mistério em relação a sua beleza. Desse modo, o perfume por ela exalado, além de ampliar a curiosidade auxilia na composição da personagem. Se somarmos a isso o fato de ser o sândalo o perfume da "mulher do Oriente", o misterioso assume também certo traço exótico. A presença dessa epígrafe empresta ao poema brasileiro o foco no odor. A leitura da cena alencariana direciona o texto alvesiano para o perfume como atributo mais importante da característica feminina, como traço distintivo e, por isso mesmo, delator.

Na segunda estrofe, vemos outro intertexto de José de Alencar, *Diva*, personagem de romance homônimo. Trata-se de Emília Duarte, jovem rica e retraída. Nesse romance, a mulher é um ser superior, dominante por conta de sua beleza. No texto alvesiano, o aspecto ressaltado é o segredo. Os vocábulos "Escrínio", "guarda", "crisálida" explicitam a curiosidade aguçada por meio do conceito do que está escondido.

Nas estrofes seguintes, o eu lírico aguça os sentidos do leitor, comparando os perfumes femininos aos das flores, as boninas, os lírios. Ademais, lembra o episódio bíblico de Madalena, notando a imagem do óleo perfumado, usado para lavar os pés de cristo, como uma "reza da pecadora". Menciona, ainda nessa direção, a mirra e o nardo, essências usadas como perfume, como constituindo a "crença da judia loura".

Nas estrofes sete e oito, o perfume é representado pela memória que desperta. No caso, a imagem de uma rosa guardada há tempos dentro de um livro. Na nona, o aroma pode denunciar ora a lascividade, ora a inocência.

A décima estrofe torna patente a imagem de importantes referências culturais:

> Ora propala os sensuais anseios
> D'alcova de Ninon, ou Margarida,
> Ora o mistério divinal do leito,
> Onde sonha Cecília adormecida.
> (ALVES, 1997, p. 187).

A primeira, Ninon de L'Enclos, foi uma importante cortesã francesa, conhecida como "Nossa senhora dos amores", por conta dos inúmeros amantes que colecionou. Símbolo de mulher culta e independente, teve estreitas relações com Molière, para quem corrigiu a primeira versão de *Tartuffe*. A segunda, Margarida, conhecida personagem do *Fausto*, de Goethe, e a terceira, Cecília, do *Guarani*, de José de Alencar.

A penúltima estrofe interessa-nos mais de perto. Nela, vislumbramos a referência a Celuta, índia americana do romance *Les Natchez*, de Chateaubriand. Trata-se de uma epopeia na qual os costumes indígenas são descritos de forma criteriosa. Contudo, o silvícola é visto como oposto ao homem civilizado (no caso o europeu). Celuta, apesar de seu amor pelo francês René, mantem-se fiel ao seu povo. René é assassinado e os natchez são obrigados, pelos franceses, a se refugiarem no deserto. Celuta, então, se atira no Niagara. O que marca a personagem é a fragrância de flores de magnólia. Daí o intertexto "Aqui, na magnólia de Celuta":

> Céluta entre en rougissant dans la cabane, passe devant les étrangers, se penche à l'oreille de la matrone du lieu, lui dit quelques mots à voix basse, et se retire. Sa robe blanche d'écorce de mûrier ondoyait légèrement derrière elle, et ses deux talons de rose en relevaient le bord à chaque pas. L'air demeura embaumé, sur les traces de l'Indienne, du parfum des fleurs de magnolia qui couronnaient sa tête: telle parut Héro aux fêtes d'abydos; telle Vénus se fit connaître, dans les bois de Carthage, à sa démarche et à l'odeur d'ambroisie qu'exhalait sa chevelure. (CHATEAUBRIAND, 1989, p. 16).[14]

14 Celuta entra corada na cabana, passa pelos estranhos, se inclina para o ouvido da matrona local, sussurra algumas palavras para ela e se retira. Seu vestido branco de casca de amoreira balançava ligeiramente atrás dela, e seus dois saltos de rosa levantavam a borda a cada passo. O ar permanecia perfumado, nas pegadas da índia, com o perfume das flores de magnólia que coroavam sua cabeça: tal como Hero aparecia nas festas de abidos; tal

O texto alvesiano é, pois, repleto de imagens olfativas acordadas por referentes literários. São, ao todo, sete referências literárias e uma bíblica: Carlota, Diva, Madalena, Ninon, Margarida, Cecília e Celuta, que mantêm similitude na medida em que o perfume reforça a identidade e a individualidade, assim como capta, no íntimo, a interioridade da mulher.

De acordo com Merleau-Ponty (1996, p. 299), "não é contraditório nem impossível que cada sentido constitua um pequeno mundo no interior do grande, e é até mesmo em razão de sua particularidade que ele é necessário ao todo e se abre a este". Os sentidos, desse modo, são diferentes uns dos outros, uma vez que cada um desperta suas respectivas especificidades mediante a própria estrutura de ser. Todavia, estão relacionados, pois estabelecem uma comunicação entre si, facilitando a compreensão do mundo exterior.

Nesses termos, na impossibilidade de descrever em palavras a pluralidade/peculiaridade das fragrâncias femininas, as mulheres citadas, sobretudo as personagens literárias, trazem consigo significados simbólicos que criam uma corporalidade ao olfato que, ao mesmo tempo, reiteram a imagem dessas figuras e compõem um artifício sutil, porém bastante significativo, para a concepção alvesiana de perfume. Assim sendo, o variado rol de referências francesas presta um serviço muito importante nessa poesia, transforma a fragrância em memória literária, possibilitando, portanto, o diálogo entre as obras. Prova disto está no fato de a epígrafe pertencer a "Cinco minutos", de José de

---

Vênus se deu a conhecer nos bosques de Cartago por sua caminhada e o cheiro de ambrosia exalando seus cabelos. (CHATEAUBRIAND, 1989, p. 16, Tradução Nossa)

Alencar e, no corpo do texto, são nomeadas outras personagens brasileiras (Diva, Cecília), favorecendo, via reconhecimento dos referentes culturais citados, a construção de uma memória nacional coletiva.

"No meeting comitê du pain"[15]

Já que a terra estacou n'órbita imensa,
Já que tudo mentiu – a glória! a crença!
A liberdade! a cruz!
E o Sísifo dos séc'los – assombrado –
Viu rolar-lhe do dorso ensangüentado
O rochedo de luz...

Já que o amor transmudou-se em ódio acerbo,
Que a eloqüência – é o canhão, a bala – o verbo.
O ideal – o horror!
E nos fastos do século, os tiranos
Traçam co'a ferradura dos ulanos
O ciclo do terror,

Já que, igual ao florete de Gennaro,
Um sabre arranca do presente ignaro
Este letreiro – Luz –,
Já que a Glória recua (cousa horrenda),
E Átila vai de Washington na senda,
E Sisa após Jesus!

Já que a Rousseau sucede Machiavelo,
Já que a Europa de altar fez-se escabelo,
Da guerra meretriz,

15 Publicado no *A República* (nº 34, Rio de Janeiro, 18 de fevereiro de 1871)

Já que o sonho de Canning era falso,
Já que após abolir-se o cadafalso,
Crucificam Paris.

Já que é mentira a voz da Humanidade,
Já que riscam da Bíblia a Caridade,
E d'alma o coração...
E a noite da descrença desce feia
E, tropeçando em ossos, cambaleia
Dos povos a razão! ...

Filhos do Novo Mundo! ergamos nós um grito
Que abafe dos canhões o horríssono rugir,
Em frente do oceano! em frente do infinito
Em nome do progresso! em nome do porvir.

Não deixemos, Hebreus, que a destra dos tiranos
Manche a arca ideal das nossas ilusões.
A herança do suor, vertido em dois mil anos,
Há de intacta chegar às novas gerações!
Nós, que somos a raça eleita do futuro,
O filho que o Senhor amou, qual Benjamim,
Que faremos de nós... se é tudo falso, impuro,
Se é mentira – o Progresso! e o Erro não tem fim?

Não; clamemos bem alto à Europa, ao globo inteiro!
Gritemos liberdade em face da opressão!
Ao tirano dizei: Tu és um carniceiro!
És o crime de bronze! – escreva-se ao canhão!

Falemos de Justiça – em frente à Mortandade!
Falemos do Direito – ao gládio que reluz!
Se eles dizem — Rancor, dizei — Fraternidade!
Se erguem a meia lua, ergamos nós a Cruz!

Digamos à Criança — O Mestre ama esta idade!
Digamos à Velhice: — Honra às vossas cãs! –
Digamos à Miséria, à Fome e à Orfandade:
É vosso o nosso lar... vós sois nossas irmãs.

Digamos a Strasburgo: "Mereces do Universo!"
Digamos... Não! Silêncio em frente de Paris...
O Amazonas que leve o nosso pranto imerso
À glória das Vestais! à herdeira das Judites.

Ó França! deste a luz que de teu ser jorrava!
Ó França! acolhe agora em recompensa... o pão.
O Cristo no deserto os pães multiplicava,
Faça agora o milagre, ó França, o coração!

E, se acaso alta noite, em noite de invernada,
Enquanto no horizonte a chama lambe o ar,
Uma débil criança, esquálida e gelada,
Por ti, Pátria, encontrar abrigo, pão e lar...
Quando aquele inocente, a sós no campo escuro,
Abençoar de longe os brasileiros céus
Sabe que este menino – é o símbolo do futuro!
E aquela frágil mão... oculta a mão de Deus

9 de fevereiro de 1871 (ALVES, 1997, p. 474).

Essa poesia foi a última declamada em público por Castro Alves, no salão nobre da associação comercial da Bahia, em 10 de fevereiro de 1871, onde se realizava um *meeting* em favor das famílias sacrificadas pela guerra franco-prussiana. No dia seguinte, a colônia francesa assim manifestou sua gratidão:

> Monsieur Castro Alves
> La societé "souscription permanente de secours pour les victimes françaises de la guerre" qui s'est organisée hier, touchée de la manière toute patriotique avec laquelle vous avez dans vos vers si éloquents et si chaleureux, plaidé la cause de nos malhereux compatriotes, me charge, Monsieur, de vous transmettre avec toute son admiration pour votre talent et toute sa reconnaissance pour votre sympathie, un vote de remerciements que nous vous prions d'agréer au nom de la Colonie Française de Bahia.
> Merci, donc, Monsieur, au nom de nous tous et merci surtout au nom de nos frères malheureux.
> J'ai l'honneur, Monsieur, de vous présenter mes salutations les plus distinguées.
> *Le secrétaire- Eug Marsóo.*
> (ALMEIDA, 1960, p.287).[16]

As estrofes iniciais da poesia principiam com a locução causal "Já que", expressando a presença ulterior de uma conduta. As

16 Sr. Castro Alves
A sociedade "subscrição permanente de socorro às vítimas francesas da guerra" que se organizou ontem, tocada da maneira bastante patriótica com que tem em seus versos tão eloqüentes e tão calorosos, defendeu a causa de nossos infelizes compatriotas, me encarrega, Senhor, de transmitir-lhe com toda sua admiração pelo seu talento e toda sua gratidão pela sua simpatia, um voto de agradecimento que lhe pedimos que aceite em nome da Colônia Francesa da Bahia.
Obrigado, portanto, Senhor, em nome de todos nós e obrigado especialmente em nome de nossos infelizes irmãos.
Tenho a honra, Senhor, de oferecer-lhe minhas mais distintas saudações.
O secretário- Eug Marsóo. (ALMEIDA, 1960, p. 287, Tradução Nossa).

primícias deflagram um ceticismo, fruto de uma inversão de valores. Assim sendo, a violência, a guerra e a morte sobrepujaram a crença, a liberdade e a eloquência. O eu lírico demonstra, diante disso, desapontamento ao descrever quais seriam os novos princípios da humanidade. Na terceira estrofe, emerge, por meio do intertexto francês, a figura de Gennaro, personagem hugoana do drama *Lucrèce Borgia* (1833). Drama em três atos, que narra um grande mal, cujo desfecho é o assassinato acidental de Lucrèce por seu filho, Gennaro. Essa referência francesa é muito emblemática, tendo em vista que Gennaro ignorava a identidade da mãe. Em certa ocasião, esta tenta salvar-lhe a vida, e, no entanto, por conta do acaso, o rapaz acaba apunhalando sua progenitora. Para isso, mobiliza um punhal, e não um "florete", como aparece no verso brasileiro. O herói, em "No meeting comité du pain", arranca a "luz" a partir do ataque, ou seja, apenas tardiamente resgata o conhecimento da realidade, representado metaforicamente pelo vocábulo "luz". A personagem hugoana parece representar alegoricamente a nação de Molière, tendo em vista que o eu poético culpa os "tiranos" de um ataque indevido à "pátria mãe", assim como o fez Gennaro.

Prosseguem, a partir daí, as incursões à história, porém, gradativamente, delineia-se uma perspectiva mais otimista, iniciada pela exclamação, na sexta estrofe, "Filhos do novo do mundo". O eu lírico conclama uma interversão diante dos eventos expostos. Caberia, portanto, ao Novo mundo e à "raça eleita do futuro" a iniciativa e o exemplo de findar com as hostilidades:

> Não; clamemos bem alto à Europa, ao globo inteiro!
> Gritemos liberdade em face da opressão!
> Ao tirano dizei: Tu és carniceiro!
> És o crime de bronze!- escreva-se ao canhão!

A quarta estrofe traceja outra referência francesa: "Já que o sonho de Canning[17] era falso, / Já que após abolir-se o cadafalso, / crucificam Paris". Cita-se aqui a ocupação de Paris pelos soldados alemães. Mais adiante,a voz poética afirma: "Digamos a Strasburgo: —mereces do Universo! / Digamos... Não! Silêncio em frente de Paris... (...)". Nessa passagem, é possível depreender a clara alusão à anexação de Estrasburgo ao império alemão, e, mais uma vez, a ocupação alemã em Paris.

Na estrofe seguinte, nota-se uma reverência por parte do eu lírico em relação à nação francesa:

> Ó França! Deste a luz que de teu ser jorrava!
> Ó França! Acolhe agora em recompensa... o pão
> O Cristo no deserto os pães multiplicava,
> Faça agora o milagre, ó França, o coração!

A nação gálica é descrita como detentora da Luz. Reiteramse, portanto, os inúmeros eventos por meio dos quais o país tornou-se símbolo de conhecimento, bravura e liberdade. Pede-se ainda uma postura altruísta, a multiplicação da filantropia. O eu lírico chama a atenção para a necessidade do fim dos conflitos na Europa. Dito de outra maneira, a França, vista sempre como grande exemplo, agora vilipendiada, deve demonstrar grandeza para por fim a tanta violência.

Na obra de Castro Alves, são inúmeras as alusões aos grandes eventos na história da França. Nosso poeta menciona Napoleão, Danton, o ano de 1789, Robespierre, Verginiaud, o exílio de Victor Hugo, entre tantos outros. No que diz respeito ao nome do país ou das cidades, elencamos "A duas ilhas", "A

---

17 Charles Canning, estadista inglês que defendeu a abolição, a liberdade da Grécia e a independência do Brasil.

capela do Almeida", alusão à Paris, "Povo ao poder", referência à Vendôme e no "Meeting comité du pain", no qual os lugares estão associados à guerra franco-prussiana. No entanto, a complexidade da presença histórica reclama uma discussão mais aprofundada que demandaria um novo estudo. Desse modo, tomaremos as alusões como complementares ao intertexto literário, também presente nesse poema.

André Trouche, no estudo *América: história e ficção,* fruto de sua tese de doutorado, realizada na Universidade Federal do Rio de Janeiro, em 1997, analisa a relevância do discurso histórico no processo literário, caracterizando como "intertexto ativo"(2006, p. 27).[18]

É o que acontece também no poema "Pedro Ivo", poema dividido em cinco partes, recitado em sessão magna do Ateneu Paulista e publicado em 2 de Agosto de 1868, na *Imprensa Acadêmica.*

O texto versa sobre Pedro Ivo, herói da Revolução Praieira. Nele o poeta brasileiro deixa explicita sua inclinação à história da França. São inúmeras as referências:

> Dorme, cidade maldita,
> Teu sono de escravidão!...
> Dorme vestal da pureza,
> Sobre os coxins do *Sultão*!...
> Dorme filha da Georgia,
> Prostituta em negra orgia
> Sê hoje Lucrécia Borgia
> Da desonra no balcão!...
> (...)
> Como Elba Amola a espada
> Nas pedras – **Napoleão**,

18 TROUCHE, André. *América: história e ficção.* Niterói, RJ: EDUFF, 2006, p. 156.

Tal eu – vaga encarpelada,
Recuo de uma passada,
P'ra levar de derribada
Rochedos reis multidão...!
(...)
No sonho daquele sono
Perpassa a **Revolução**!
Este olhar que não se move
Stá fito em – **Oitenta e Nove**—
Lê Homero – escuta Jove...
—Robespierre —Dantão.
(...)
Naquele crânio entra em ondas
O verbo de **Mirabeau**...
Pernambuco sonha a escada
Que também sonhou Jacó;
Cisma a República alçada,
E Pega os copos da espada,
Enquanto em su'alma brada:
—Somos irmão, **Vergniaud**".[19]
(...)

(ALVES, 1997, pp 113-119).

Não obstante, como não é esse o foco do nosso estudo, tendo em vista que os aspectos históricos, como intertexto ativo, reclamariam outra análise, listamos algumas estrofes, apenas a título de exemplo, para com isso indicar a maneira como nosso poeta se apropriou da cultura francesa de modo expressivo, na esteira do mestre Victor Hugo em seus inúmeros aspectos, inclusive o histórico.

19 Grifo nosso.

Sob essa verve interpretativa, as referências em "No meeting comitê du pain" têm o objetivo de resgatar o questionamento e a reflexão da experiência histórica. Dito de outra maneira, o conhecimento e o reconhecimento das injunções francesas trariam à baila uma intervenção, nesse caso outorgada aos brasileiros, para que os fatos não se repitam. Para Barthes, "todas as ciências estão presentes no monumento literário (...) faz [a literatura] girar todos os saberes, não fixa, não fetichiza nenhum deles; ela lhes dá um lugar indireto, e esse indireto é precioso" (1978, p. 18).

O "lugar indireto" de que fala Barthes presta, neste caso, um triplo serviço. Inicialmente empresta à nação gálica a imagem de mãe sofredora, de vítima. Para tanto, o eu lírico lembra-nos a importância cultural desse país, associando-o metaforicamente ao vocábulo luz. Num segundo momento, edifica uma crítica direta à guerra e às consequências dos combates, trazendo a figura da "criança, esquálida e gelada" como marco da injustiça. Finalmente, coloca os "brasileiros céus", os "filhos do Novo mundo", a "raça eleita do futuro" como emblema de bondade e respeito. Nesse sentido, mesmo quando nosso poeta enaltece a França, com auxílio dos referentes literários e históricos, ainda assim, aproxima-os da nossa realidade, adotando-os como forma de compor um episódio nacional. A presença francesa está de tal modo intricada na produção de Castro Alves que sua última aparição e récita foram dedicadas a essa estreita relação.

"Menina Moça"[20]

MENINA e Moça! Há no volver das horas
Esta idade ideal e feiticeira;
É quando a estrela expira e rompe a aurora
Um prelúdio nos leques da palmeira.

Menina e Moça! Há no viver das flores
Este instante feliz... É quando a rosa,
Ao relento das noites perfumadas,
Abre o cálix, risonha e curiosa.

Menina e Moça! Há no passar dos anos
Esta estação de amor... quando nas veigas
Fazem-se em flor as folhas sussurrantes,
Beijam-se as pombas, arrulando meigas.

Menina e Moça! Há no sonhar da música
Som que esta idade festival exprime...
Quando a voz do piano espalha aos ermos
Os suspiros saudosos de Bellini.
Menina e Moça! Se a poesia esquece
Agora o tipo da criança bela,
Quem não te adora a límpida inocência,
O filha de Sorrento! Ó Graziela!

Menina e Moça! Castidade e pejo!
Crença, frescura, divinal anseio!
Por quem tu cismas? — Se pergunta à fronte.
Por quem palpitas? — Se pergunta ao seio.

---

20 Publicado nas *Espumas Flutuantes* (1888).

Menina e Moça! É tão festivo o riso!
Chama dourada sobre os olhos brilha!
Como estalam os beijos das amigas
A donzela tem asas... de escumilha!

Menina e Moça! Como é doudo o baile!
Como são várias da existência as cenas!
Ama-se o canto — Se elas são as aves...
Ama-se a valsa. — Se elas são falenas ...

Menina e Moça! Adormecida garça
Que o mar- na riba do ideal balouça...
O bardo canta na tormenta ao longe...
Sonha o teu sonho de - menina e moça!...

Salvador, 19 de novembro de 1870.
(ALVES, 1997, p. 469).

A poesia desenha mais um perfil feminino alvesiano. Nesse caso, a descrição centra-se num período muito importante do desenvolvimento da mulher: a passagem da infância para adolescência, daí a junção dos vocábulos Menina e Moça, os quais servem de título e preâmbulo a cada uma das estrofes que seguem. Veremos o modo segundo o qual essa transfiguração é esboçada poeticamente.

O eu poético afirma que essa é a "idade ideal e feiticeira". Vê-se que, embora escreva sobre a pureza, associada à infância, a articula à irresistível força sedutora da puberdade. Nesse sentido, é o amalgama dessas duas imagens que responde pela fascinação que a moça provoca.

A natureza representa metaforicamente esse desabrochar, sobretudo na imagem da rosa abrindo o cálix, por intermédio da qual é possível vislumbrar o mistério sendo exposto. Na terceira estrofe, o eu poético afirma ser essa a "estação do amor", ou seja, a época da maturação sexual, na qual se descobrem os primeiros prazeres e inclinações amorosas.

Na quinta estrofe, há a menção a Graziela, personagem homônima de Lamartine. Publicada em 1849, a obra se tornou símbolo do amor inocente. O narrador, um rapaz francês de 18 anos, parte para Itália, vindo a conhecer, na ilha de Prorida, Graziela e sua família. O francês e a moça se apaixonam. No entanto, com sua partida, Graziela acaba ficando doente, o que a conduz à morte. Há que se destacar ainda outros pontos relevantes que perpassam a obra: a ideia de que o amor orienta as intrigas; o fato de apresentar passagens em que a leitura, em grupo, do romance *Paul e Virginie*,[21] de Jacques-Henry Bernardin de Saint-Pierre, cria um vínculo entre as pessoas da família, gerando certa comoção.

Nas estrofes seguintes, o eu poético, por meio dos vocábulos castidade, pejo, crença e frescura, delineia a imagem idealizada de uma mulher. A prova dessa assertiva está, sobretudo, no verso "Adormecida garça/ que o mar na riba do ideal balouça". A poesia é repleta de elementos que remetem à pureza e à serenidade "límpida inocência", "criança bela". Todavia, isso não impede o sensualismo velado nas sugestões "idade feiticeira" e "estação do amor", ou na metonimização, por meio da natureza, de sua descoberta sexual: "a rosa abre o cálix, risonha e curiosa".

---

21 Os dois jovens que são nome à obra são educados como irmãos, todavia acabam se apaixonando. A tia da moça a envia para longe sob o pretexto de realizar os estudos. Alguns anos depois Virginie volta, mas o barco em que se encontra fica preso na tempestade e bate contra os rochedos. Paul acaba sucumbindo à morte da amada.

A personagem lamartiniana serve de modelo para a construção da identidade da Menina e Moça. Como o eu poético parece observá-la de longe, sem possuir a experiência da proximidade e do conhecimento, ficcionaliza-a por meio do modelo literário de que se recorda. Vale lembrar que Graziella também trazia um exemplo ficcional (Virginie), com o qual se identificava e partilhava a mesma sorte. A personagem castroalvina, nessa corrente intertextual, reitera a dignidade e a pureza das duas heroínas, concedendo-lhes, ao mesmo tempo, vida material, em que o velho tema epicurista da rosa está presente.

“PROSA”

A atividade crítica de Castro Alves, presente em algumas passagens epistolares, assim como no diálogo estabelecido com Tobias Barreto, pode elucidar a leitura que nosso poeta fazia do movimento romântico e, ademais, a maneira como esta direcionou seu processo de criação. Nesse sentido, essa produção auxilia na compreensão, tendo em vista que norteia o caminho percorrido entre o que seria o ideal e o que realmente foi vislumbrado em sua obra. O viés crítico, presente nos textos “Impressões de teatro” e “Impressões da Leitura do Sr. A. A. Mendonça”, assim como o litígio jornalístico com Tobias Barreto, desenvolvido no texto “Polêmica”, difundem, de forma clara, o projeto poético alvesiano. Já os escritos “Poesia”, “Carta às senhoras bahianas” e “Crônica jornalística” propalam seu gosto literário e podem ilustrar as escolhas perpetradas.

“Introdução do jornal *A Luz*”

Trata-se de um elogio ao trabalho do escritor (“É sempre solene o momento, em que se pega da pena”). Particularmente ao escritor da imprensa (“A imprensa é um topo”). Na sequência, há a comparação entre o homem comum, “pequeno”, e o artista, “com toda a grandeza do trabalho”. Ganha relevo, uma vez mais, a menção à missão do poeta, distinto dos demais seres humanos por carregar o dom da palavra, a força da expressão. Seguidas de passagens como: "A mão calosa do operário aperta a mão do jornalista; o buril e a pena se conhecem; o papel e a tela são irmãos" (ALVES, 1997, p. 693). Em outros termos, escrever é um árduo trabalho, assim como os demais. Porém, há algo metafísico na função: "Quando Hugo afeiçoa *Os Miseráveis*- há um rompimento no infinito, e a benção do Eterno desce à tenda do ferreiro, à oficina do escultor, à gruta do poeta" (ALVES, *op. cit.*, p. 692). Refere-se Castro Alves ao sublime presente no ato de escrever.

Na sequência, há a definição do labor do escritor:

> Procuraremos a verdade artística, isto é, a estética, o belo – quer na crítica, quer no drama, quer no romance, quer na poesia.
> Por que estrada nós marchamos, como a entendemos, não vo-lo direi.
> O futuro será a nossa palavra. (*op. cit.*, p. 692).

Nota-se que no afã de descrever o ato sublime, que é o fazer poético, o escritor das *Espumas Flutuantes* pede auxílio ao grande mago francês. O momento descrito tem o objetivo de ilustrar, de maneira prática, tendo em vista as duas grandes referências citadas – autor e obra – o grande valor artístico da palavra do poeta. Nesses termos, as alusões servem como prova ao seu argumento.

"O Eco"

Em "*O Eco*", os gêneros textuais poesia, crítica, comédia, drama e tragédia ganham voz, respectivamente, na figura da rosa, da parasita, da bonina, do cacto e da cicuta. Todas as flores, a planta, assim como a parasita, tentam chamar a atenção do belo eco da serra. Vejamos, de maneira sucinta, alguns aspectos que influenciaram a eleição de cada uma das plantas para representar os gêneros listados acima.

A rosa é, como já visto em outras análises, convencionalmente associada à poesia. A crítica, não por acaso, vem representada por uma parasita: sua vitalidade provém da existência do outro; a bonina, originária das regiões tropicais, é uma flor colorida e alegre; o cacto, é resistente à aridez e apresenta muitos espinhos; finalmente, a cicuta, nativa da Europa e extremamente venenosa. Nota-se, pelas características peculiares de cada elemento, que nosso autor os selecionou cuidadosamente para cada imagem que gostaria de transmitir.

A primeira, que diz ser a poesia, expõe sua origem, sua beleza, sua ambiguidade e, por fim, sua solidão: "Oh! Não te espantes se às vezes sou rúbida, como o primeiro sorriso de Safo, e às vezes pálida como a fronte do moço autor de Jacques Rolla" (ALVES, *op. cit.*, p. 695). Há, logo de início, a alusão a Alfred de Musset. Ao final de sua exposição, ela lamenta a escuridão e a solidão, e clama: "Belo eco das serras, eu sou a Poesia, vem ouvir o murmúrio de minhas pétalas" (*op. cit*, p. 696). A poesia toma de empréstimo a imagem do escritor francês, já conhecida pelos leitores da época.

Na sequência, é a linda parasita que solicita a atenção do Eco: "Eco dos vales, eu também quero que escutes minhas melodias (...) a rosa é uma estátua, eu uma *grisette*". Porém, outra personagem surge, a comédia. Em sua fala, temos: "Já vesti meu *pierrot* cor-de-rosa, frisei a minha cabeleira revolta, calcei meu borzeguins verdes". Ela diz esperar pelo *vaudeville.* Eles vão ao *cancã.* Os termos expostos pela comédia, a saber, *pierrot*, *Vaudeville, enragés* e *cancã*, demonstram o gosto cultural francês e o diálogo com os referentes comuns à época.

O drama surge com um "amor [um cacto] ardente no peito", após ouvir o sussurro da flor. Ele é o responsável pela referência à Marion de Lorme, Marco e Cláudio Frollo. A primeira, uma conhecida obra de Victor Hugo; a segunda, uma personagem da obra *Les Filles de Marbre,* de Théodore Barrière; a última, por sua vez, uma personagem hugoana, de *Notre Dame de Paris.*

Nesse interím, estava dormindo, "à beira de um pântano escuro", a tragédia:

> Eu sou a cicuta... sou a tragédia. Inda me escorre das vestes sangue de Otelo, inda de meus lábios têm saibos da taça de Sócrates... Minha fronte é azulada como os lábios de vidrentos da Ofélia morta; as trevas cantam-me os horríveis pensamentos de Hamlet, e às vezes eu ouço à noite a trombeta de Rui Gomes, que me chama ao sepulcro (ALVES, *op. cit.*, p. 698).

Quando despertada, também deseja ser ouvida. Então as plantas bradam juntas seu canto: "Nascemos, vivemos, morremos no abandono". Após ouvir "que estavam desprezadas", o eco "sacudiu-lhes os cânticos com suas páginas de ouro pelas campinas do infinito" (*op. cit.*, p. 699).

Castro Alves usa a insígnia da fabulação com o intuito de registrar a discussão em torno da valorização da crítica em detrimento dos demais gêneros textuais, que, a despeito de servirem de substrato à origem daquela, são menosprezados. Conjectura-se, portanto, a respeito da condição do crítico, aqui definido como aproveitador, porém amado: "Se amam hoje, por que temer que me esqueçam amanhã?" (*op. cit.*, p. 696).

No "Eco", estão combinados elementos estrangeiros que intensificam os argumentos. Como é o caso de Alfred de Musset, cuja palidez e a personagem Jacques Rolla parecem dialogar perfeitamente com a descrição da rosa, tendo em vista que aqui a imagem expressa compreende a flor, o poeta e a poesia, assim como as canções de Marion de Lorme, os soluços de Didier, o amor que inspirou Marco e o ódio advindo de Cláudio Frollo inspiram, por seu turno, o discurso do drama – o cacto. Nesse exemplo, a fantasia une-se ao real, edificando a ilustração do texto dramático.

Não é o mesmo o que ocorre com o uso do termo *grisette*, apontado como extremo contrário de estátua: "A rosa é uma estátua, eu uma *grisette*". O vocábulo emprestado tem o objetivo de gerar oposição. Esta e outras afirmações da parasita expõem certa emulação.

A leitura desse texto conduz a uma série de observações a respeito da produção, bem como da recepção artística. Nosso escritor lança mão da personificação para dar voz tanto às produções como ao juízo que se faz delas. Assim, o presente texto extrapola o prosaísmo, anunciando simbologicamente, de forma criativa, a relevância de cada gênero textual. A presença francesa exerce apenas o papel de pano de fundo, ilustrando ocasionalmente, dentro da possiblidade semântica de cada caso, as falas das plantas. Não é, portanto, falacioso afirmar que o efeito da construção de Castro Alves sobressai ao dado estrangeiro.

"Polêmica"

O 'Suplemento' e o Sr. Barreto

Escrito em 1866, o texto está atrelado às divergências seguidas entre Castro Alves e Tobias Barreto. A intriga entre os dois poetas principiou por conta da predileção por duas atrizes. O primeiro era defensor de Eugênia Câmara, o segundo, por seu turno, de Adelaide Amaral. O poeta dos escravos escreveu então uma crítica à peça "Gaspar Hauser", de Anicet- Bourgeois, na qual fez algumas restrições a Adelaide, como figura principal e Eugênia como coadjuvante.

Tobias Barreto, sentindo-se indignado, partiu para o duelo via imprensa e recebeu com hostilidade na *Revista Literária* o primeiro número da *Luz*, publicado por Castro Alves. O presente texto é, portanto, uma resposta aos escritos do poeta sergipano.

Sobre a publicação, assegura Castro Alves, "O Suplemento" encheu de pasmo a muita gente e merecia-o. Este artigo assim com ares de mestre de escola ou de feitor de engenho, apresentou-se empavesado e ridiculamente pretensioso" (ALVES, 1997, p. 702).

Prosseguindo com suas observações, Castro Alves censura uma colocação de Tobias Barreto:

> (...) Outra banalidade - Dizer que a imprensa é o topo... Oh! Pelletan, Hugo, Lamartine, vós todos que pegastes um dia da pena para abençoar o braço, que vos leva a palavra a todos os pontos da terra, riscai tudo quanto dissestes até agora sobre a filha de Gutenberg. Porque isto é chato, vulgar, ruim, sei que dizes uma verdade, a que dais uma forma nova e vossa, mas isto é comum, tão comum, como o filho falar bem de seu pai. Depois que importa? O Sr. Tobias diz que isto é uma vulgaridade... Pobre Sr. Tobias!... (ALVES, *op. cit.*, p. 704).

Nessa passagem, fica clara a hierarquia intelectual estabelecida. Hugo, Lamartine e Pelletan são, claramente, mencionados com o fito de dar relevância ao absurdo afiançado pelo poeta sergipano. Em outros termos, esses grandes nomes reiteram seus comentários a respeito da "filha de Gutenberg". Todavia, apesar de acrescentarem aspectos particulares aos seus escritos, caíram no comum. O tom irônico alvesiano nega, de modo veemente, a acusação de vulgar, de clichê. Nosso poeta acredita que a legitimidade de um tema se configura, mesmo sendo reiterado, ao se acrescentarem novas ideias, as quais deveriam sintetizar um estilo próprio.

A recorrência ao mundo gálico se faz de modo sistemático, dirigindo-se inclusive a vários campos científicos. Por exemplo, nas linhas abaixo, é possível patentear a menção a Bouillet:

> (...) e nós que receamos o epíteto, recorremos ao Bouillet, pegamos em tudo quanto havíamos lá encontrado e atiramos à cara do nosso muito erudito crítico tal qual S. Sª que por não saber a significação do verbo fazer, ou por querer falar no seu audacioso Lucrécio pespegou nos pobres prelos com aquele trecho de supina ciência. Ó santo pedantismo. (ALVES, *op. cit.*, p. 706).

Trata-se de Marie-Nicolas Bouillet, professor, tradutor e lexicógrafo francês. Seu nome esteve sempre atrelado ao *Dictionnaire universel d'histoire et de géographie*, publicado em 1842. Essa obra adquiriu tanta popularidade que todos os dicionários de história e de geografia passaram, no período, a chamarem-se Bouillet. Castro Alves menciona tal nome com o objetivo de desnudar o pedantismo de Tobias, ou seja, acusa-o de apenas "atirar a cara" (palavras de Castro Alves) do leitor informações retiradas de dicionário.

Prosseguindo o raciocínio, nosso autor esclarece:

> Da pequenês nasce a grandeza... nada é absolutamente grande. "Tudo isso é tirado de V. Hugo, que disse n'*Os Miseráveis*. O pequeno é grande, o grande é pequeno". Tudo isso é tirado da experiência, que nos ensina que na terra não há gran-

> deza absoluta, tudo isso é tirado daquelas palavras do Evangelho- os últimos serão os primeiros, e os primeiros serão os últimos; tudo isso é tirado de La Fontaine em sua fábula- o mosquito e o Leão, - tudo isso é tirado de mil anexins populares, porque é uma dessas verdades experimentais, cujo conteúdo pertence a todos, cuja forma será de cada qual. (ALVES, 1997, p. 706).

Nesse excerto, são três as referências apontadas: *Les Misérables*, o Evangelho e a fábula de La Fontaine. A primeira, um dos livros mais importantes do século XIX, publicado em abril de 1862. A primeira parte do romance – *Fantine* – foi lançada simultaneamente em Paris, Londres, Bruxelas, Madri, Milão e Rio de Janeiro, entre outras cidades. Em maio, foram publicadas as partes II e III, e já estava claro que o criador de Jean Valjean conseguiria realizar um feito inédito: vender milhões de exemplares de uma obra de valor às camadas populares. Polêmico, criticado, mas, principalmente lido e comentado, o livro provocou ondas de atos públicos beneficentes e a filantropia tornou-se moda. A segunda, o *Evangelho*, livro considerado sagrado pelos cristãos, estruturado mediante relatos que versam sobre a vida de Jesus e seus ensinamentos. E, finalmente, a terceira, *Le Lion et le Moucheron*, fábula de La Fontaine, que como se sabe, em seu conjunto, compõe a principal obra poética do período clássico.

A crítica alvesiana avança:

> O sol é talvez um vagalume entre os astros; o vagalume é talvez o sol de um mundo microscópico. Continua o mesmo furto de ideias; não já feito a *Os Miseraveis*, mas uma bela quadra do mesmo autor, que termina:
> L'étincelle vaut la flamme
> L'étoile vaut le soleil (ALVES, 1997, p. 706).

Nosso poeta refere-se à poesia "A M. Froment Meurice, de *Les Contemplations.*

> Tout est grand; sombre ou vermeil,
> Tout feu qui brille est une âme.
> L'étoile vaut le soleil;
> L'étincelle vaut la flamme.
> Paris, octobre 1841.[1]

Ainda nestes termos, Castro Alves traz a lume sua expectativa em relação ao trabalho com o diálogo de textos:

> Que símile! Realmente em cima fala-se de sol, e... e mais não disse... V. Hugo diz que a estrela vale tanto quanto a chama, e nós não fazemos senão desenvolver a mesma ideia de grandeza relativa, dizendo que o sol que para o homem é do tamanho descomunal, entre corpos que lhe excedam em volume será como o pirilampo, ao passo que o vaga-lume, que para nós é sumamente pequeno, numa escala de seres microscópicos será tão grande quanto o sol (ALVES, *op. cit.*, p. 706).

Vê-se claramente que o poeta dos escravos defende o acréscimo de ideias à imagem emprestada. O que se fez, de acordo com a crítica, foi apenas repetir a mesma ideia, sem retrabalhá-la.

A força da presença francesa também é representada pela Casa Garraux, do francês Anatole Louis Garraux. A livraria conheceu grande hegemonia e levou o requinte parisiense para a Rua do Rosário e, posteriormente, para a Praça da Sé:

1 HUGO, Victor. *Les Contemplations*. Paris: Hachette, 1922.

> Desculpe-me S. Sª. É por isso que não nos mostramos tão maravilhados diante de uma cousa tão sábia e provocada por Copérnico, Newton, Arago, Herschel, e mais uma três dúzias de astrônomos, que S. Sª poderá ler em qualquer catálogo do Garraux (ALVES, *op. cit.*, p. 707).

Mais adiante, Castro Alves se defende de uma acusação de plágio, de autoria de Edgard Quinet:

> Depois acrescenta que nos apropriamos violentamente de ideias e frases de Quinet, e dá-nos a seguinte amostra:
> O introdutor d´A Luz diz-nos que a esfinge boquiaberta, como o cão do deserto, ladrava às caravanas errantes, e no Ahasvérus ouvir-se-á no coro das esfinges estas dizerem:
> "Comme un chien de berger restons nous couchés pour veiller céans à la porte du monde" e em outro lugar dizer Tebas: "Mon beau sphynx de cent coudées, qu´avez-vous à faire pour aboyer si haut?"
> Ainda aqui prova sua má fé e sua ignorância. Má-fé, porque remenda dois pedaços de uma obra para com eles formar um plágio; ignorância pelas razões, que vamos expender. O Sr. Tobias faz versar a imitação na comparação que fazemos da esfinge com o cão. E assim parece. Realmente eu disse que a esfinge é como o cão do deserto, e Edgard Quinet diz que a esfinge é como o cão do pastor. Isto é plágio. Isto é descaramento! Diz S. Sª.
> (...)
> Para que dois escritores dêem a um objeto atributos, que lhe pertencem e que o constituem, não

> é necessário mais do que o conhecerem; assim se Edgard Quinet disser que um cavalo é um quadrúpede e eu o disser igualmente não plagio a Edgard Quinet.0020(ALVES, 1997, p. 708).

Nessa passagem, nosso poeta se defende do suposto plágio, atribuindo a Edgard Quinet apenas a consecução de características comuns a um objeto qualquer, ou seja, não há, na descrição de Quinet, traços que o particularizem no que diz respeito à comparação e, portanto, não teria ele cometido a falta de roubar-lhe a ideia, tendo em vista que ela é trivial.

O nome do escritor e historiador francês aparece somente nesse texto e é revelado apenas pela crítica de Tobias Barreto. Trata-se de um dos principais difusores do pensamento alemão na França. Porém, na obra castroalvina, não apresenta grande relevância. Tanto assim que sua definição é mesmo cotejada à dos cientistas abaixo:

> Vejam Desobry e Bachelet, Dic. De geografia e história, e Bouillet, Dic. De Ciências e Artes. Vejam mais qualquer *Ilustração Francesa* ou *Jornal de Viagens*, em que venham retaradas as paisagens egípcias, e conhecer-se-á que não inventamos uma imagem, nem tão pouco o fez Edgard Quinet, porque apenas reconheceu um dos atributos do objeto de que falava (ALVES, *op. cit.*, p. 708).

Note-se que, pelo fato de jamais ter saído do Brasil, uma das referências de veracidade apontada por Castro Alves é a "ilustração francesa". E, assim, continua deixando patente sua predileção por Gautier:

> Tem seu espírito essa doação, que faz ao Sr. Edgard Quinet; dá-lhe cidades, montanhas, e até partes do mundo, sem deixar alguma cousa sequer ao Constâncio e ao Gautier (ALVES, 1997, p. 709).

Pode o poeta referir-se à poesia "Le Sphinx", de Gautier, tendo em vista que a descrição se assemelha a sua "O que são as esfinges senão estátuas com cara e seios de mulher, o corpo de cão (ou de leão), garras do mesmo animal(...)" (ALVES, *op. cit.*, p. 708):

> Dans le Jardin Royal ou l'on voit les statues,
> Une Chimère antique entre toutes me plait ;
> Elle pousse en avant deux mamelles pointues,
> Dont le marbre veiné semble gonflé de lait;
>
> Son visage de femme est le plus beau du monde;
> Son col est si charnu que vous l'embrasseriez;
> Mais quand on fait le tour, on voit sa croupe ronde,
> On s'apercoit qu'elle a des griffes à ses pieds.
>
> Les jeunes nourrissons qui passent devant elle,
> Tendent leurs petits bras et veulent avec cris
> Coller leur bouche ronde à sa dure mamelle;
> Mais, quand ils l'ont touchée, ils reculent surpris.
>
> C'est ainsi qu'il en est de toutes nos chimères:
> La face en est charmante et le revers bien laid.
> Nous leur prenons le sein, mais ces mauvaises mères
> N'ont pas pour notre lèvre une goutte de lait.
> (GAUTIER, 1889, p. 255).

No excerto abaixo assinalado, os argumentos castroalvinos têm o fito de provar a injustiça por parte do libelo de imitação:

> Começa agora o Sr. Tobias a criticar o *Eco*; a primeira observação que faz é logo um plágio:
> – Diz uma rosa:
> Quando Eva corou pela primeira vez, eu nasci! Diz S. Sª: Quem tiver lido *Os Miseráveis* saberá que isto é de Victor Hugo. E vá agora o respeitável publico folhear uma obra de 10 volumes, a ver se encontra lá estas oito palavras. É o melhor meio de não ser pegado na mentira (ALVES, 1997, p. 709).

A alegação acima é matreira, pois dificilmente alguém iria folhear cada uma das páginas da obra hugoana para constatar a indevida apropriação do texto alheio. Nas passagens seguintes, Castro Alves estabelece uma comparação entre dois fragmentos. Isso o faz com intuito de comprovar que o Sr. Tobias Barreto, na verdade, teria feito a análise de *O Eco* e da *Luz* com argumentos falhos, por ignorância dos escritos "mais triviais da literatura fácil", por "desconhecimento" e "má fé".

Cumpre mencionar outra obra de referência francesa, "Les fleurs animées", além, é claro, da menção a Henri Murger:

> Na juventude as utopias vêm dormir no meu berço, e as fadas errantes embalam-me ao som do mistério divino das estrelas... Diz o crítico: É uma variante de Ahasvérus, onde se diz: le murmure des étoiles est descendu dans mon cálice. Je porte un secret dans mon cálice. Que les passants y viennent cueillir le mystère.
> (...)
> Enviamos para isso S. Sª ao Murger, e principalmente a qualquer página da obra de –*Les fleurs animées*. (ALVES, 1997, p. 710).

> (...)
> S. Sª cita do Ahasvérus as seguintes palavras: *les étoiles sont les fleurs du ciel.* Poderíamos, prevalecendo-nos de um erro talvez tipográfico, furtar-nos a encarar de frente esta crítica; mas agora, como sempre, obedecendo à nossa lealdade, diremos que no Ahasvérus leem-se as seguintes palavras: Les étoiles sont des abeilles qui sucent les fleurs du ciel. Essa pequena comparação, que nenhuma beleza traz ao período, e que ocorria ao bico da pena sem esforço e sem reminiscência de outro escritor- é tão insignificante, que nem vale a pena copiá-la. Que uma ideia fecunda, que um grande pensamento, cujo desenvolvimento encha de glória- seja plagiado com consciência, é crível; mas que alguém, que tem escrito bastante, sem precisar recorrer à força estranha, dê-se ao trabalho de folhear uma grande obra de Edgard Quinet, para extrair essas três palavras- as estrelas são abelhas- é incrível, é estólido. S. Sª deve encontrar nisso uma coincidência, ou se não o quiser, uma reminiscência. Mas, dada à hipótese que não o admita, damo-lhe licença para dizer que nós – Antonio de Castro Alves- plagiamos uma palavra de Quinet – abelhas (ALVES, *op. cit.*, p. 711)

Apesar de extensa, a citação é válida na medida em que, não obstante a massiva presença francesa, o labor crítico de Castro Alves legitima a originalidade de seus escritos. Prova disso é a afirmação segundo a qual a imagem de Quinet seria "(...) tão insignificante, que nem vale a pena copiá-la". Para o bardo brasileiro, o diálogo com os textos estrangeiros deve ser efetivado mediante trabalho reflexivo, inclusive se estes se articularem ao texto de chegada. Recusar um trecho, como é esse o caso, é uma evidência de olhar crítico.

São variadas, portanto, as referências francesas. No entanto, justamente por se tratar de um artigo em defesa da delação de má literatura, em virtude do plágio e da imitação, o vate brasileiro lança mão, nos mesmos termos que seu delator, de exemplos também vindos da cultura de Molière para construir seus argumentos. Assim sendo, essa cultura, mais uma vez, presta serviço ao discurso castroalvino.

Castro Alves constrói, a partir do que seria uma simples resposta à provocação do Sr. Tobias Barreto, sua visão artística. Ao longo de sua arguição, o poeta reitera, repetidas vezes, referências literárias e científicas da cultura francesa. No entanto, ao contrário do que assegura o escritor sergipano, essa postura não configura simples imitação. A própria maneira como o poeta de *Os Escravos* configura seu texto em resposta a Tobias Barreto fornece indícios do modo dinâmico, reflexivo e criativo pelo qual são trabalhados os referentes estrangeiros. Estes devem emergir no diálogo como legado. O autor deve pautar-se na literatura existente e, sobretudo, nos conhecimentos adquiridos, porém o mero rapto de uma ideia ou de uma imagem não merece o menor respeito. É esta a ideia que pulula das considerações alvesianas.

A discussão estabelecida entre os dois escritores põe em relevo uma preocupação candente à época: o plágio dos escritos franceses. Nesse sentido, o bardo brasileiro, além de responder às supostas acusações de plágio, torna pública uma inquietação poética do período. O exercício de argumentação, então, presta um duplo serviço. Primeiramente, dialoga com os escritos franceses, retrabalhando-os de forma a compor a construção de sua defesa. Em segundo, faz aflorar, de forma pragmática, a maneira ideal de estabelecer esse dialogismo.

"Impressões de teatro"

"Impressões de teatro" constitui um texto publicado em 1866 com o objetivo de protestar contra o empresário do Teatro de Santa Isabel, pelo fato deste atribuir papéis secundários à atriz Eugênia Câmara.[2] Nele, nosso poeta tece considerações a respeito da peça *Gaspar Hauser*, de Anicet Bourgeois, encenada nesse mesmo ano. Na urdidura da trama apresenta-se um jovem que passa 16 anos em um quarto subterrâneo sem contato com o exterior.

No primeiro parágrafo, Castro Alves pondera: "O teatro é uma tribuna. É de Beaumarchais. O teatro é uma escola. É de Hugo". O primeiro, importante teatrólogo francês, criador do personagem Fígaro, do "Barbier de Seville", encenado em Paris pela primeira vez em 1775. O segundo, uma das figuras mais importantes do século XIX. Impelido por essas assertivas, o vate brasileiro, assumindo o papel de crítico, insiste ainda na importância do teatro:

> Caminhai, moços, ide ao teatro./ Entrai, homens do povo, bebei a luz daquele tabernáculo. Mergulhai nesse oceano de nobreza e de crimes, descei como o mergulhador indiano àquele turbilhão de paixões. Descei.

---

2 Segundo cópia de Augusto Álvares Guimarães. Em 1866, um anônimo pela imprensa, incluindo-se entre os amigos da imparcialidade, no Recife, protestava perante o empresário do Teatro Santa Isabel contra a atribuição de papéis secundários à Eugênia Câmara, sugerindo-lhe que confiasse à atriz o desempenho de Margarida no drama Romance de um Moço pobre. (ALVES, 1997, p. 879)

> Sentirei nos beiços o saibo amargo do cinismo, vereis o pólipo horrível da infâmia e como uma fantasmagoria tétrica passarão diante de vossos olhos todos os crimes todos os horrores...
> Porém descei, mergulhadores, descei. Lá no fundo está a pérola. Esta pérola é uma ideia, ideia boa, santa e justa, ideia moral, ideia religiosa... (ALVES, 1997, p. 714).

O trecho acima esboça a admiração de um jovem de 19 anos que acompanhava o movimento teatral do período que, anos antes, em 1813, passa a ter grande desenvolvimento com a construção do teatro São João, substituindo as casas de ópera.

Em 1820, D. Pedro I importa de Portugal uma companhia completa. No entanto, paulatinamente, ela é substituída pela tutela francesa. É, pois, nesse período que vemos despontar um dos maiores atores nacionais: João Caetano.[3] No entanto, o grande nome de autor teatral nesse momento é Martins Pena. Questões como a exploração exercida por estrangeiros e a má assimilação da cultura europeia deram azo a várias comédias por ele escritas. Décio de Almeida Prado, em *História Concisa do Teatro brasileiro*, assim o define:

> O Martins Pena comediógrafo, seja pelo temperamento, seja pela escrita teatral, nada tinha de romântico (...) Ao contrário, o escritor brasileiro, em suas peças cômicas, satirizou as atitudes exaltadas e as declarações de amor bombásticas. Mas foi ro-

3 As encenações das peças de Victor Hugo e Alexandre Dumas, a partir de 1836, por João Caetano, desencadearam discussões na imprensa e nem sempre foram alvo de comentários favoráveis, como comprovam os artigos de Justiniano José da Rocha, bastante citados (FARIA, 1998, p. 17).

> mântico, ainda que a contragosto, pela época em que viveu e que retratou com uma mistura inconfundivelmente pessoal de ingenuidade e engenhosidade artística. E tanto mais por possuir em alto grau duas qualidades prezadas pela ficção romântica: o senso da cor local e o gosto pelo pitoresco (PRADO, 1999, p. 60)

Nesse sentido, em decorrência do desenvolvimento do cenário teatral, a produção crítica de Castro Alves a esse respeito é, portanto, mais uma ferramenta intertextual. Por meio desse procedimento nosso escritor também dialogou com os escritos franceses.

Veremos a maneira pela qual esse diálogo é construído. Ao longo de sua crítica, lemos:

> O drama de Bourgeois não tem uma tese, não traz uma ideia nova, e o pensador atravessa aquele Dédalo de cenas mal ligadas sem um fio, que o conduza a pleno sol (...)
> No último ato Gaspar depois de mostrar uma coragem e uma nobreza extraordinária de sentimento, depois de revestir valoroso a todas decepções – suicida-se. (ALVES, 1997, p. 715).

A questão do suicídio, acima exposta, será, pois, um dos pontos cruciais de seus argumentos. De acordo com o escritor de *Os escravos*, "O suicídio condenado pelas leis da moral, não pode ser admitido no teatro estatuído em heroísmo..." A partir dessa afirmação, o autor brasileiro trouxe à baila um leque de referentes franceses. A princípio, menciona St. Marc Girardin, importante crítico teatral francês, segundo o qual o suicídio constituía uma prática que, na tragédia grega, sempre foi fruto de uma paixão violenta.

Nessa direção, Castro Alves cita o drama *Phèdre*, de Racine, e *Ruy Blas*, de Victor Hugo. O primeiro narra a história de Phèdre, esposa de Thésée, que, motivada pelas desventuras de uma paixão não correspondida por seu enteado, Hyppolite, atentou contra a própria vida. O segundo, por sua vez, versa sobre um humilde servo que se apaixona pela rainha da Espanha, Marie-Anne de Neubourg. Todavia, enganado pelo vingativo Don Salluste, se passa por nobre e conquista a mulher amada. Ao final, Ruy Blas, desmascarado e humilhado, comete suicídio. Ambas as mortes são consideradas válidas por nosso poeta: a primeira, pela culpa de um amor incestuoso; a segunda, pela vergonha da mentira.

Mais adiante, lê-se: "Mas a escola mais perniciosa de nossos dias é a de Vigny. É Chatterton declamatório, que brada ao beber veneno: – Ó minha alma, eu te havia vendido, agora eu te resgato" (ALVES, 1997, p.716). Chatterton, artista incompreendido pela sociedade, encontra no suicídio a única forma de escapar da situação inaceitável. Trata-se de uma morte doce, apesar de patética, que cessará definitivamente o fracasso de uma vida. Passagem criticada pelo escritor das *Espumas Flutuantes*, tendo em vista que o único suicídio aceito é o advindo de um sacrifício que "gera a vida", como é o caso de *Lucia Didier*,[4] "que se deixa morrer" para salvar seu marido, a Tisbe, da obra *Angelo*, de Victor Hugo, que se mata para que "Rodolfo e Catarina sejam felizes".

Nota-se claramente que o diálogo, no que se refere ao tema do suicídio, é entabulado de maneira reflexiva e crítica. Inicialmente, o crítico esboça seu ponto de vista e, em seguida, enumera uma série de exemplos, ora felizes, ora infelizes, na abor-

4 *Lucie Didier*, drama original de Léon Battu e Jaime Fils .

dagem desse tipo de morte. Prova disso é a desaprovação do autoenvenenamento de Gaspar, que perfaz para Castro Alves "um espírito covarde, que franqueia ao toque de uma desgraça e cede à sorte com toda efeminação da impotência" (ALVES, *op. cit.,* p. 716). Como crítico, portanto, nosso escritor não se curva à literatura francesa, mas, como se observa, faz uso dela quando é um exercício contundente e, ao mesmo tempo, a recusa quando esta promulga pontos em desacordo com seu projeto artístico.

Após algumas exposições acerca da *mise en scène* e dos atores, o poeta inicia sua defesa em relação à atriz Eugênia Câmara. Para tanto, ele também ilustra seus argumentos com a literatura francesa, delineando um panorama da atividade dramática no Brasil. "Quem há por aí tão hermeticamente fechado na solidão mais recôndita, que não tenha ouvido falar em Dalila? Ninguém" (ALVES, *op. cit.*, p. 718), escreve o vate brasileiro. A construção expressa a forte presença francesa no teatro, assim como no imaginário da época. Essa obra, já referida em outros momentos, terá grande relevância na carreira de Eugênia, responsável pela personagem Leonora Falconieri, e, consequentemente, na produção do bardo brasileiro.

O poema "Dalila", escrito em 1864, versa sobre o drama *Dalila*, de Octave Feuillet, encenado em 11 de março de 1863, em Recife. Nele a atriz interpreta Leonora Falconieri. A primeira estrofe esboça:

> Foi desgraça, meu Deus!... Não!... Foi loucura
> Pedir seiba de vida – à sepultura,
> Em gelo – me abrasar,
> Pedir amores – a Marco sem brio,
> E a rebolcar-me em leito imundo e frio
> — Aventura buscar. (Alves, 1997, p. 161)

Marco é a personagem do drama *Les filles de Marbre*, de Théodore Barrière e Lambert Thiboust, encenado em 1855. Trata-se da peça que descreve o universo da propostituição vivido por uma jovem inexperiente. De acordo com João Roberto Faria, entre 1855 e 1862, foram encenadas as seguintes "peças [de forte repertório francês]: *Os parisienses*, de Barrière e Enest Capendu; *A dama das Camélias e O mundo equivoco*, de Dumas filho; o *Genro do Sr. Pereira, Os descarados e As Leoas Pobres*, de Augier; *A crise, Dalila, A redenção e o Romance de um moço pobre*, de Octave Feuillet" (FARIA, 1998, p. 39).

Um aspecto importante a ser ressaltado é o fato de aparecerem, nas considerações dos intelectuais brasileiros, entre os quais Machado de Assis, Quintino Bocaiuva e José de Alencar, um número considerável de apreciações críticas sobre as encenações francesas. Esses escritos iniciaram discussões a respeito da necessidade de formação de um repertório nacional. Desse modo, não seria exagero afirmar que a consolidação do teatro no cenário brasileiro tem suas raízes no legado francês. Todavia, o texto "impressões de teatro", aqui analisado, sabatina o olhar crítico de nosso escritor. Castro Alves, não obstante a admiração pelos escritos gálicos, demonstra imparcialidade e aponta questões de ordem prática, tais como verossimilhança, atuação das personagens, texto, enredo etc. Ao longo de sua arguição, demonstra uma intimidade com a realidade teatral existente. Nesse sentido, a partir dos exemplos expostos, o escritor brasileiro defende ou refuta concepções que se afastam de sua produção artística mesmo quando essas configuram, já no período, um cânone. Prova da originalidade do escritor de *Os escravos* é o drama *Gonzaga ou Revolução das Minas*, que assim foi descrito por Machado de Assis:

> Achei um poeta original. O mal de nossa poesia contemporânea é ser copista – no dizer, nas ideias e nas imagens. Copiá-las é anular-se. A musa do Sr. Castro Alves tem feição própria (...) – O drama, esse li-o atentamente; depois de ouvi-lo, li-o, reli-o, e não sei bem se era necessidade de apreciar, se o encanto da obra, que me demora os olhos em cada página do volume. – O poeta explica o dramaturgo (ALVES, 1997, p. 795).

A primeira encenação da peça ocorreu no Rio de Janeiro, em 1867. Seu enredo descreve a Inconfidência Mineira e insere na urdidura, por meio das personagens Carlota e Luís, questões relativas à escravidão. Desse modo, vislumbramos claramente as vertentes do drama romântico brasileiro: escrito em quatro atos, cujas cenas se desenrolam entre os anos de 1782 e 1789, nas cidades de Minas e Rio de Janeiro, tem como fio condutor a luta brasileira pela liberdade, pelo fim da escravidão, apresentando o romance entre Gonzaga, da Inconfidência Mineira, e Maria Dorotéia. As injunções históricas descritas servem, portanto, como pano de fundo para os acontecimentos abordados no desenrolar da história. De acordo com João Roberto Faria, "os dramaturgos brasileiros, estimulados pelo repertório francês, mas sintonizados com as nossas transformações sociais, realizaram em suas obras o primeiro esforço conjunto para a formação de uma consciência burguesa no Brasil" (FARIA, 1998, 46).

A história de Luís, escravo liberto, esboça a triste condição dos negros. Ao relembrar do passado a personagem descreve o momento em que separam sua filha de sua mulher – as mães escravas não tinham o direito de criar seus filhos. Num segundo momento, mesmo Claudio Manuel da Costa se surpreende com a inserção de Luis entre os conjurados:

> Gonzaga: – vem cá. (Aos companheiros) Vêem este homem?
> Claudio: – por Deus! É um negro.
> Gonzaga: – Sabem a que classe pertence?
> Claudio: – Um escravo ou um liberto
> (ALVES, 1997, p. 586).

O excerto denuncia não apenas a condição dos negros, mas, principalmente, a mácula por eles carregada, o fato de serem sempre vistos como inferiores. Isso também ocorre com Carlota, que precisa se submeter aos mandos do seu dono, Silvério. No entanto, depois de tanto sofrer, Carlota se suicida, preferindo a morte à desonra. Eis pois, o suicídio justificado por Castro Alves. Não se trata de uma morte por fraqueza, com seria o caso de *Chatterton.* Nesse caso, a morte evita a traição e, sendo assim, a personagem passa de traidora à mártir.

Todas as personagens, construídas com complexos valores morais, desenham um quadro de injustiças sociais, sobretudo no que se refere à questão do negro. O contexto histórico da Inconfidência Mineira, bem escolhido por ser um momento de preocupação com a emancipação nacional, casou-se perfeitamente aos conflitos pelo fim da escravidão e à luta pela liberdade. Nesse sentido, mais uma vez, nosso escritor inseriu na produção do período, repleta de ícones estrangeiros, dados nacionais. É o que se pode concluir pela última estrofe da poesia recitada por Maria na cena final:

> Profundo olhar no horizonte,
> Ao vento exposta a cerviz,
> É Tasso, olhando Eleonora?
> Dante fitando Beatriz?
> Lá no rochedo escalvado

> Quem é o grande desterrado
> Maior que Napoleão!?...
> Silêncio... uma voz sombria
> Murmura: —Brasil!... Maria!
> — É Gonzaga... Oh! Maldição!...
> (ALVES, 1997, p 661).

O poema amplia a imagem de Gonzaga em detrimento da de Napoleão. Nosso poeta define, portanto, para os brasileiros, um símbolo histórico importante, mas, para isso, compara-o ao imperador francês, assim como ao descrever a relevância do momento histórico vivido no Brasil reitera a Revolução Francesa:

> Além do Atlântico há um povo livre, grande pela força, sublime pelo pensamento, divino pela liberdade, que, através dos mares nos estende a mão. É a França. A Revolução Francesa protege a revolução de Minas, esta é filha daquela, ou antes ambas são filhas de Deus (ALVES, *op. cit.*, p. 586).

A França, vista como "nação irmã", faz emergir os exemplos, os grandes nomes e as injunções históricas mais relevantes. Tal como a simbologia da Marseillaise:

> Tiradentes: — Bem; mas a nossa verdadeira noiva, Claudio, é essa pobre terra, que é nossa pátria.
> Claudio: —Não implica! O coração a uma, à outra o braço. É puro Roget de l´Isle, meus senhores, plena Marselhesa... dá-me ímpetos de cantá-la nas barbas do Vice-rei (...) (ALVES, 1997, p. 600).

As grandes façanhas, como as de Luís II de Bourbon-Condé, também estão presentes na fala do governador:

> O governador- Oh! Ela será minha.. inda que Deus ma queira roubar... É um duelo de morte. Vejamos quem vale mais, se o velho Governador, ou o moço poeta... entretanto parece-me que tremo... É a primeira vez! Não importa. Condé dizem que também tremia antes de entrar nas suas grandes batalhas e no entanto Condé sempre vencia. (ALVES, *op. cit.*, p. 611).

Seguindo o mesmo lastro, o poeta, em "Impressões de teatro", ao elogiar o trabalho de Eugênia Câmara como atriz, alude à literatura francesa:

> Pelletan dizia, falando de Lamartine: é uma estrela com quatro raios. É o que podemos dizer da Sra. D. Eugênia Câmara, dessa sublime atriz, que resplende com fulgores do amor, do cinismo, da graça, que hoje chama Lúcia, amanhã Marco, mais tarde Berta, que arranca do povo uma homenagem de maldições ora um peito de lágrimas, ora um tributo de risos. (ALVES, *op. cit.*, p. 718).

Menciona, respectivamente, Lúcia, de *Lucie Didier*, de Léon Battu e Jaime Fils, Marco, personagem de *Les filles de Marbre*, de Théodore Barrière. O próprio pseudônimo escolhido faz referência à literatura francesa: Antony é nome de uma obra de Dumas pai.[5]

A nação francesa desponta como potência cultural: "não saber francês era um desprimor, quanto mais não fosse lê-lo correta-

5 Antony – título de uma peça de Dumas pai, que fazia parte do repertório da época – é o amante que apunhala a mulher que lhe suplica: —Mata-me, por piedade!, desvairada de remorso por ter traído com ele o marido. (ALVES, 1997, p. 879).

mente" (NUNES, 1956, p. 68). Nesse sentido, os pontos de contato seriam claramente imprescindíveis. No entanto, os mesmos não são expostos, reiterados e citados de modo a desenhar o Brasil como simples extensão da Europa. De modo contrário, as especificidades nacionais são delineadas e combinadas com o auxílio dos elementos exteriores. Destes se destacam as nuanças que garantem a originalidade alvesiana. Mario Nunes assim explica a escolha:

> (...) porque o teatro francês de comédia influiu poderosamente na formação, nos últimos cem anos, da nossa mentalidade dramática, concorreu para a formação de um público, embora de elite, e exerceu influência considerável sobre nossa literatura e nosso amor às belas letras e aprimoramento intelectual (NUNES, 1956, p. 68).

A crítica exposta, bem como o próprio drama castrolavino assumiram a função de formar um quadro artístico nacional. A efetivação de ambos, salvaguardadas as devidas particularidades, esteve associada à necessidade de estender a propaganda da liberdade, da independência como o próprio cerne da formação nacional brasileira. Nesse sentido, Castro Alves atendeu bem ao objetivo manifestado na ocasião de inserir a realidade brasileira na rede de acontecimentos mundiais. Contudo, é preciso registrar que esse certo grau de originalidade não o privou de buscar apoio em outras literaturas, seja para assegurar a validade da projeção de seus escritos, seja para refutar certos aspectos que não condiziam com o ideário promulgado.

A compreensão da sociedade reclamava o reconhecimento de símbolos externos que representassem os dilemas nacionais, por isso o constante apelo à nação da Revolução, da liberdade, da igualdade e da fraternidade. Nessa direção, enunciadas as razões para o estreitamento de relações entre brasileiros e franceses, caberia à literatura, peça-chave na montagem da força cultural, a exposição de idiossincrasias, mesmo ligadas a elementos externos, com o intuito de criar e estabelecer um legado literário.

No caso de "impressões de teatro", não obstante o constante apelo aos escritos franceses, a aproximação se constrói de maneira reflexiva e crítica. Nosso escritor faz explanações, utilizando obras francesas, mas, ainda assim, como já exposto, faz apontamentos negativos quando alguns pontos desafinam de sua produção.

A título de exemplo, mencionemos a questão do suicídio edificada na peça *Gonzaga ou Revolução de Minas*. Castro Alves traz a lume esse tema, todavia desenvolve a ideia segundo a qual as mortes de Chatterton e Gaspar Hauser, bem como os seus desdobramentos, compõem uma força capaz de ombrear com o sentido da vida. Assim, o suicídio é apresentado, no drama castroalvimo, de modo contrário às duas cenas por ele criticadas. É entendido, portanto, não como resultado da fraqueza, mas como uma forma de preservar a integridade. Nesse sentido, a morte de Carlota tem dupla função: primeiramente, denuncia a precária condição dos negros no Brasil, atrelando a esse fato a questão da independência nacional; e, num segundo momento, oferece à morte provocada traços de dignidade, uma vez que a escravizada prefere a morte à traição. Dito de outro modo, a imagem não expressa covardia, mas uma decisão altruísta e, em decorrência disso, se torna heroica.

"Crônica jornalística"

Trata-se de um texto metalinguístico, por meio do qual a figura da crônica é materializada na imagem de uma mulher: "Trajava um xale de novidades velhas, um conjunto de dissertações contemporâneas, um balão de insipidez, as botinas da fabrica redação; seu chapéu tinha o dístico de crônica" (ALVES, 1997, p. 686). Eis que a aparição dessa "figura sinistra" causa o seguinte questionamento: "Temos os *Mil e um fantasmas de Dumas*?" (ALVES, *op. cit.*, p. 686). Trata-se de uma coleção de histórias fantásticas, publicada em 1849. Nesse sentido, nosso escritor, com o objetivo de transmitir a imagem de algo sobrenatural, tal como a figura da crônica, no mundo cotidiano e racional, pede auxílio a essa obra francesa, tendo em vista que o fantástico é "l'hésitation éprouvée par un être qui ne connaît que les lois naturelles, face à un événement en apparence surnaturel" (TODOROV, 1970, p. 29). A presente citação demonstra, portanto, que o interesse por Dumas ultrapassava os títulos literários canônicos.

Nos parágrafos posteriores, a *paresseuse*, como o próprio narrador nomeia, conduz o escritor a um passeio. Após a jornada pelo "caminho da academia", o narrador revela: "De repente senti que a terra me faltava. Éramos arrebatados pelo espaço. Foi uma vertigem, um correr de Mazeppa, ou o rasgar do éter de Pecopin de Hugo" (ALVES, *op. cit.*, 687).

Prosseguindo, na ânsia de escrever a sua crônica, o narrador, com tom irônico, provoca: "as trombetas da civilização erguem as inteligências da época de seu leito de Marasmo" (*op. cit.*, p.687). Refere-se o poeta aos escritos do periódico *Revista Acadêmica*, da Bahia. Na sequência, o escritor ressalta: "Nas noites embaladas de cismares profundos do belo e do grande, o moço sente em si a sede de vida intelectual, e brada o 'j'ai quelque chose là' de A. Chénier" (*op. cit.*, p. 688). Dito de outra maneira, Castro Alves parece referir-se à necessidade de, para mostrar erudição, recorrer ao elemento estrangeiro. Desse modo, debruçar-se sobre Chénier, figura atuante e também vítima da Revolução, pode construir algo frutífero.

Ao final, após sentir-se asfixiado por longo abraço de despedida da Sra crônica, diz o cronista que tudo foi um sonho. Porém, o texto lido é o resultado de uma ideia fixa e também desse encontro metalinguístico.

Castro Alves expôs, justamente por conta da dificuldade encontrada em escrever uma crônica, o caminho percorrido nesse pleito "maçante". Importa notar que as referências francesas ganham corpo e se misturam ao discurso do cronista, de forma natural. Nesse caso, Dumas, Victor Hugo e Chénier vão ilustrando imagens, sensações e auxiliam na construção da ironia sobre a civilização. Não há imitação, mas uma utilização sábia do referente.

"Impressões da leitura das poesias do Sr. A. A. de Mendonça"

Texto publicado em *O Futuro* (nº 4 Recife, 30 de agosto de 1864, p. 57-59). Trata-se da leitura crítica da obra *Poesias*, de Augusto de Mendonça Junior, poeta e repentista baiano com quem Castro Alves travou conhecimento nas festividades promovidas por Abílio Cesar Borges, nos outeiros do ginásio baiano.

A presente crítica traz à baila um leque importante de considerações acerca da produção poética do período. Nesse sentido, pode servir de substrato à compreensão do que se constituiu, do ponto de vista alvesiano, como poesia romântica.

> A poesia, diz Villemain, é uma cousa sem nome, que muitas vezes não tem feição distinta, é um capricho d'alma e com ela a impossibilidade de análise é a vitória do gosto.
> Ainda quando Villemain errasse, não seria eu que compreendesse uma crítica, mas à míngua de saber e de talento eu costumo tomar por pedra de toque a impressão de sua sublimidade, que o gênio esculpe n'alma, e onde, como o oceano nas areias, escreve o seu verbo de grandeza. (ALVES, 1997, p. 668).[6]

No excerto, o crítico francês afirma a dificuldade em se traduzir em versos para outro idioma. Cita uma frase de Petrarca, que, em francês, seria apenas um eco longínquo da mais bela melodia. Assim, a "impossibilidade de análise" de que fala Villemain é justamente o caráter peculiar de cada língua. Nosso escritor toma o trecho e, a despeito de acusar o escritor francês de engano, usa-o para justificar quais são seus critérios de análise, que, no caso, se direcionam à "impressão de sublimidade".

Na sequência, Castro Alves defende:

---

6 Faut-il essayer cependant? On dit que notre siècle est redevenu poétique; alors on doit savoir que la poésie est une chose sans nom, que souvent elle n'a pas de traits distincts, qu'elle est un caprice de l'âme, et qu' avec elle l'impuissance de l'analyse est le triomphe du goût. VILLEMAIN, M. Cours de Littérature Française. Bruxelles: Meline, Cans et Compagnie, 1840. p. 627.
"Devemos, entretanto, tentar? Diz-se que nosso século voltou a ser poético; então é preciso saber que a poesia é uma coisa sem nome, que muitas vezes não tem características distintas, que é um capricho da alma e que com ela a impotência da análise é o triunfo do gosto "(1840. p. 627, Tradução nossa).

> O Sr. A. A. de Mendonça, verdadeiro poeta lírico, é o autor desse mimoso *bouquet* de flores brasileiras. A alma, cheia de uma vaga melancolia, sua canção desliza monótona e triste, como esses cantos etéreos de Lamartine, ou como o suspirar choroso da guzla da Haydée de Dumas (ALVES, *op. cit.*, p. 668).

Note-se que a obra é definida como *bouquet* de flores brasileiras. Esta frase parece resumir integralmente a ideia exposta no texto. Não obstante a presença francesa, como em *bouquet,* as flores são as brasileiras. Ademais, há a menção à obra *Le comte de Monte- Cristo,* de Alexandre Dumas, além da referência aos "cantos etéreos, de Lamartine".

No caso de Alexandre Dumas, o intertexto refere-se ao instrumento tocado por Haydée:

> Justement, viscomte, quand vous voulez entendre de la musique venez souper avec moi.
> "Mais j'ai entendu déjà en y allant déjeuner", dit Morcef.
> "À Rome?"
> "Oui."
> "Ah! C'était la guzla d´Haydée. Oui, la pauvre exilée s'amuse quelques fois à me jouer des airs de son pays" (DUMAS, 1889, p. 239).[7]

---

7 Exatamente, Visconde, quando quiser ouvir música venha jantar comigo.
"Mas eu já ouvi isso a caminho do almoço", disse Morcef.
"- Em Roma?"
"- Sim."
"- Ah! Era a guzla de Haydée. Sim, o pobre exilado está se divertindo às vezes tocando melodias de seu país (DUMAS, 1889, p. 239).

A menção a Lamartine é mais uma vez adjetivada: "Cantos etéreos". Não há alusão a respeito de quais seriam os cantos, apenas a indicação etéreos. Nos dois casos o que importa é a imagem emprestada, ou seja, a monotonia encontrada nos versos do Sr. Mendonça vem de Lamartine, assim como o suspirar choroso lembra o instrumento tocado por Haydée em uma das passagens do *Comte de Monte Cristo.* Contudo, mais adiante há a crítica: "esse soluçar continuo por um amor perdido, é um defeito para o livro; mas é bem desculpável, quando se vê que aquelas linhas foram escritas com lágrimas" (ALVES, 1997, p. 669). Nota-se, claramente, a censura ao tom lamurioso.

Após uma longa explanação, segundo a qual a poesia evolui seguindo a marcha das ideias, assimilando as nuances de cada época, nosso crítico assegura: "A poesia hoje, é, pois, Byron, Bathélemy, Lamartine, Hugo – esses Cristos Humanos" (*op. cit.*, 1997, p. 671). Das quatro referências de poesia, três são francesas. São estes, pois, os mesmos nomes que vão abrilhantar muitas páginas alvesianas. Por meio dessa crítica, Castro Alves deixa patente, além do seu ponto vista particular a respeito da obra por ele analisada, muito de seu projeto artístico.

No excerto abaixo, a metáfora construída esboça sua visão a respeito do Brasil:

> O Brasil foi como essas princesas, adormecidas por cem anos nos seus castelos encantados pelo condão mágico de alguma fada, mas que conservam o talismã da juventude, como Marion de Lorme o da virgindade (*op. cit.,* p.671).

Refere-se, o escritor brasileiro, ao atraso cultural do Brasil em relação ao velho continente. Contudo, por meio da comparação com a personagem hugoana, Marion Delorme, que foi purificada por meio do amor a despeito de ter vivido em ambientes devassos, ele assegura que a terra tupiniquim havia conservado a juventude depois desse longo período de sono. Dito de outra maneira, mesmo estando em certa desvantagem, por conta do atraso cultural de uma nação recém descoberta, o Brasil ainda teria muita novidade a acrescentar à literatura do período. E, nesse lastro de pensamento, pondera sobre a presença estrangeira: "O crepuscular pálido da aurora da civilização tornou-se o irradiar do sol dos trópicos" (p. 671).

Não obstante a presença da "aurora da civilização", da qual não se poderia fugir, o escritor brasileiro ressalta a relevância do Brasil, não como observador passivo, deslumbrado, mas

> O Brasil, sacudindo os lençóis de neve dos Andes, que lhe escondiam a fronte, despertou das trevas-na luz; mas não se deslumbrou, porque os olhos do condor são feitos para fitar o sol; da apatia na atividade do século dezenove, mas não tremeu, porque as cataratas não aprendem a arrojar-se do pico dos rochedos... (ALVES, 1997, p. 672).
>
> Já a Revolução Francesa havia escrito com seu sangue o epitáfio do absolutismo...
>
> O Brasil amou a liberdade... E Cristo 'o girondino da imortalidade', no dizer que Sillery, tinha a tribuna do Gólgota soltado o verbo da nivelação das classes...
>
> O Brasil amou a igualdade... (*op. cit*, p. 672).

Castro Alves defende a identidade brasileira, apesar de assumir a inevitável presença francesa, advinda, principalmente, da proeminência histórica. Apesar disso, defende uma produção artística mais direcionada à realidade nacional, mais atrelada as fontes locais:

> A poesia, pois, da terra dos Andradas, dos Pedros Ivos, e dos Tiradentes, deve ser majestosa como as matas virgens da América, arrojada, como seus rios gigantes, livre, como os ventos, que passam gementes por suas várzeas, e que zurzem os costados pedregosos dos seus gigantes de granito. A poesia enfim deve ser reflexo desta terra (*op. cit*, p. 672).

Nesse trabalho crítico, encontramos muito da concepção alvesiana de originalidade e de nacional. Não se trata de ignorar o legado existente. Na verdade, por meio da menção à Revolução Francesa, já se admite a inextricável ligação da nação gálica com a História geral. Porém, ao mesmo tempo, alega que a poesia deve apresentar cores nacionais, ou seja, em termos de símbolos o Brasil não se baliza por baixo.

Nas passagens posteriores, o escritor das *Espumas Flutuantes* defende o que batiza de "brasileirismo":

> Já lá vai muito de desvio do meu ponto principal: mas isso o disse na passagem para poder melhor lançar uma censura a dois erros que em geral lavram em nossa literatura.
> Um – A falta de brasileirismo nas composições.
> Dir-se-á que os poetas do Brasil, enquanto Chateaubriand vem pedir aos panoramas da América a inspiração para os seus *Natchez* e às sombras destas selvas seculares escreve páginas olorosas de *René Atala*, dir-se-á, digo que nossos poetas não acham em tudo isso, que nos cerca, um canto de poesia. (ALVES, 1997, p. 673).

O excerto procura definir o que seria o brasileirismo em poesia: discorrer sobre a terra americana. Nesse sentido, a natureza, os símbolos nacionais são bandeira artística para a formação de uma identidade nacional. Se, como assegura nosso escritor, até mesmo Chateaubriand, herdeiro da cultura, dita, civilizada, encontrou em nossas terras o panorama ideal aos seus escritos, por que nossos poetas não encontrariam a mesma fonte? "E no entanto, quanto talento se tem naturalizado estrangeiro!" (*op. cit.*, p. 673).

Na mesma linha de raciocínio o poeta dos escravos elenca o segundo erro:

> O segundo erro, que lavra, especialmente na Bahia, é o classicismo. Deus me livre de maldizer das obras-primas, que a antiguidade nos legou.
> Não.
> Homero, Dante, Virgílio e outros hão de ser sempre admirados, mas não queirais, homens da atualidade, mandar, como primor de escultura, uma cabeça de esfinge para a *Exposição*, nem apresentar nos banquetes de Napoleão III a paródia dos vasos soterrados de Pompéia... (*op. cit*, p. 673).

Mais uma vez há a crítica ao classicismo. No entanto, nosso poeta assegura sua admiração pelos escritos da antiguidade sem, contudo, deixar de ressaltar o exagero empregado algumas vezes na reiteração de seus escritos.

Castro Alves, após a exposição do que seria uma obra autenticamente brasileira, expõe sua opinião sobre o Sr. Mendonça:

> O Sr. Mendonça satisfaz-nos perfeitamente; o seu volume de poesias é brasileiro, e verdadeiramente brasileiro.

> Sua alma de poeta não foi pedir inspiração às páginas de literatura estrangeira, não, bebe-a nas páginas da natureza – essa literatura animada que só o Criador escreve (*op. cit*, p. 675).

De acordo com o fragmento anterior, a poesia do Sr. Mendonça é considerada verdadeiramente brasileira por não ter se inspirado na literatura estrangeira.

> A poesia "O Soldado" é um arquétipo. É a realidade dura, mas verdadeira, do muito desprezo que lavra no governo por esse consolidadores da nossa honra nacional, Mário recebe a ordem de prisão nas ruínas de Catargo, Belisário, mendicante, vaga cego nos campos da Tessália, Victor Hugo é o deportado de Jersey.
>
> O desprezo da pátria é muitas vezes a rubrica da dedicação e da honra! (*op. cit*, p. 677).

Por meio de sua prosa, sobretudo a crítica, Castro Alves construiu um esboço do que seria seu projeto artístico. Uma obra nacional, com variados aspectos locais, rica em imagens colhidas da natureza brasileira, temáticas que versassem sobre personalidades nacionais com relevância histórica e cultural. Não obstante, mesmo na crítica, há uma forte vertente cosmopolita. Isto equivale a dizer que em Castro Alves o brasileirismo não exclui o diálogo com os referentes culturais externos, tanto em sua poesia, quanto em sua prosa, nacionalismo e cosmopolitismo estão em uníssono. O mais importante a ser considerado, nos dois casos, é a maneira como essa ligação foi trabalhada. No caso da poesia, há um enorme leque de referências francesas. Todavia, os dados estrangeiros são habilmente incorporados aos nacionais. Já na prosa, os empréstimos servem para ilustrar inúmeros argumentos, assim como imagens. Nesse sentido, o que se expressa como teoria na prosa se verifica como prática na poesia.

Outro aspecto a ser considerado é a frequente crítica ao classicismo apesar de, como visto em exemplos anteriores, por exemplo, em "Murmúrios da tarde", nosso poeta expressa resquícios do neoclassicismo, algo não incomum no romantismo.

"Carta às senhoras baianas"

As cartas, como se sabe, em jornais e revistas configuram um espaço de manifestação pública dos leitores. Por esse ângulo, os textos publicados na imprensa, dado seu poder de comunicação, facultam uma importante fonte de estudos para a compreensão de um determinado grupo social. Contudo, publicados ou não em jornais, textos epistolares portam uma carga literária que pode auxiliar na compreensão da produção artística, tendo em vista que, nesse espaço, o autor sente-se à vontade para descrever problemas e dificuldades de seu trabalho, assim como para expor suas predileções:

> Escrever é, pois, "mostrar-se", dar-se a ver, fazer aparecer o rosto próprio junto ao outro. E deve-se entender por tal que a carta é simultaneamente um olhar que se volve para o destinatário (por meio da missiva que recebe, ele sente-se olhado) e uma maneira de o remetente se oferecer ao seu olhar pelo que de si mesmo lhe diz. De certo modo, a carta proporciona um face-a-face. (MICHEL FOCAULT, 1992)

As linhas a seguir partem, portanto, do pressuposto segundo o qual as cartas são veículos de subjetividade e criação poética e, nesses termos, instauram vastas possibilidades aos intertextos. Analisaremos, então, alguns excertos que marcam a mencionada simpatia pela cultura francesa.

Publicada no *O Abolicionista*, em 1871, "Carta às senhoras baianas" trata de um pedido de auxílio que a Sociedade Libertadora Sete de Setembro pretendia realizar em benefício da emancipação dos escravizados. Nela, o poeta pede "a vós Senhoras! A vós donzelas! A vós crianças!" (ALVES, 1997, p. 771).

Ao longo do texto, o vate brasileiro manuseia vários argumentos para justificar a doação:

> A caridade pede a *vós, que sois que sois a caridade.*
> É que o nosso coração acostumou acostumou-se a encarnar a virtude primeira do Cristianismo na forma puríssima da Mulher-Charitas. (...) esta figura benéfica – é a síntese de uma religião... é a deificação de uma classe!
> (...)
> O Cristo disse aos apóstolos: — Ensinai a todas as gentes. – mas disse às mulheres: — Amai a todas as gentes! (ALVES, *op. cit*, pp. 771-772).

Prosseguindo na sua arguição, justifica Castro Alves: "Porque sois as belas filhas desta idade, que se ilustrou com George Sand e Emília Girardin,[8] por Mme Staël e Harriet

8 Trata-se, na verdade, de Delphine de Girardin, esposa de Émile Girardin, jornalista e poetisa. Escreveu interessantes crônicas da sociedade de seu tempo no jornal "La Presse", além de romances, tragédias e comédias. Era amiga íntima de Victor Hugo e teve contato com escritores renomados como Théophile Gautier, Honoré de Balzac, Alfred de Musset, Laure Junot d'Abrantès, Marceline Desbordes-Valmore, Alphonse de Lamartine, Franz Liszt, Alexandre Dumas père, George

Stowe" (p.772). O intuito seria o de citar importantes nomes femininos da literatura. O interessante é que o parágrafo principia com "Vós tendes, minhas senhoras, o direito e o dever de protestar e condenar nessa questão", ou seja, as mulheres citadas, sobretudo as francesas, são referência de ilustração.

Na sequência de sua súplica, várias mulheres são citadas: Cassandra, Judite, Joana d´Arc, Beecher. Cada uma, a seu modo, marcou profundamente a época em que viveu. Mais uma vez notamos Castro Alves distinguir-se por lançar um olhar díspare à mulher. Aqui ele conclama a benevolência feminina, porém não perde a oportunidade de reiterar grandes nomes e grandes feitos com o intuito de encorajar as senhoras baianas a serem destemidas e corajosas e não apenas seguirem os ditames da sociedade.

Ao final de suas considerações o escritor da *Cachoeira de Paulo Afonso* não deixa de prestar homenagem à literatura nacional:

> Imagino que estás só.
> Acabastes de ler a última página de um livro querido, do vosso escritor predileto, *A Pata da Gazela*, talvez... e ficais cismando... em quê? No herói, no desfecho (que sei eu?) nessas visões seráficas que povoam os corações das virgens (ALVES, *op. cit*, p. 774).

Trata-se do romance folhetinesco, de José de Alencar, publicado em 1870, momento em que esse tipo de produção visava

Sand, entre outros. Seus textos eram assinados pelos pseudônimos: Vicomte Charles Delaunay, Charles de Launay, Vicomte de Launay, Léo Lespès, Léa Sepsel.

o entretenimento. Convém mencionar que "Com o folhetim, a obra literária passa a ser uma mercadoria' no verdadeiro sentido do termo; passa a ter seu preço fixado, é produzida de acordo com um certo padrão e é fornecida' em data previamente combinada" (SALIBA, 2003, p. 50). Dito de outra maneira, nosso escritor ao referir-se ao romance alencariano sabia exatamente a quem se dirigia. Essa alusão tem uma tripla função: primeiramente dirige-se diretamente a uma parcela feminina da sociedade, as leitoras de folhetins, portanto, as mulheres que possuíam bens; num segundo momento, faz da referência literária uma "atividade comercial";[9] finalmente, condecora a literatura nacional.

A presença francesa serve, então, de liame entre escritor e leitor. As alusões, conhecidas pelos leitores da época, criam uma identificação e são coadjuvantes na construção dos argumentos que permitem a composição do pedido de auxílio. Todavia, a menção à obra brasileira na última parte da carta mostra que o escritor brasileiro não se curva à referência estrangeira, mas a utiliza na feitura de sua arguição.

Tomemos outros exemplos da presença francesa em mensagens pessoais:

> *"Carta a Augusto Álvares Guimarães"*
> "Fazer-me de Chateaubriand nestouro Niágara" (p. 746)
>
> *"Carta a Regueira Costa"*
> "Como vai a *Noiva de Abidos*, de Byron? A tua mimosa assimilação da poesia de Lamartine?" (p.745).

---

9 A esse respeito consultar GUMARÃES, Hélio Seixas. *Os leitores de Machado de Assis*, São Paulo: Nankin, 2004. p. 79.

> *"Carta a Eunápio Deiró"*
> "Não se lembra daquelas palavras do seu Lamartine: Entre o que se sente e o que se diz vai a mesma distância que entre a alma e o alfabeto – o infinito! Do que está escrito nada é belo. O que há de divino fica no coração. O instrumento é tosco – a nota é de fogo!" (p. 769).
> "(...) o escritor parece menos com o rei que atirava a jóia ao pélago... do que ao criado dos mosqueteiros que divertia-se em cuspir no Sena" (p.770).

Há, respectivamente, a alusão a Chateaubriand, pela qual nosso poeta menciona querer ser o escritor francês; a Lamartine, quando ao versar sobre tradução, Castro Alves define a nova versão de "assimilação", ou ainda quando procura aproximá-lo, por meio do possessivo "seu Lamartine"; e, enfim, a Alexandre Dumas, por conta da menção ao empregado de *Les trois Mousquetaires*. É licito mencionar, porém, que a análise da produção espistolar reclamaria um estudo minusioso. Porém, como não é esse nosso objeto de estudo, esse material, por conta de sua peculiaridade, pode servir-nos como mais uma perspectiva de compreensão.

O enunciador, no caso das cartas, é o autor, e, portanto, seu discurso é, na maioria das vezes, unívoco. Vale lembrar também que o espaço epistolar é sempre marcado de intenções estéticas:

> On peut d´ailleurs noter que les grands épistoliers du siècle- Stendhal, Sand, Flaubert- sont tous des écrivains qui à certain moment de leur parcours et pour des raisons diverses, ont voulu habiter les marges de l´espace littéraire, en déviance, voire en dissidence d´avec ses normes, ses canons, ses habitus. Et

> cette parole des margens, c'est dans la correspondance, espace limitrophe à la fois dans et hors la littérature – Qu'elle a pu se produire (BRIGITTE DIAZ, 2002, p. 48).[10]

Nessa esteira de pensamento, a prosa alvesiana, e particularmente as cartas, revelam que a concepção artística do poeta estava diretamente relacionada ao diálogo com textos, ou seja, mesmo nos escritos mais livres e pessoais a presença francesa é proeminente. A relação com a nação hugoana não abrilhanta apenas os textos poéticos.

Mesmo em correspondência com amigos, familiares e textos jornalísticos, nosso bardo mostra que referenciar a França é parte não apenas de seu projeto artístico, mas o define como pessoa. Em outros termos, o elo com esse país determina a maneira por meio da qual Castro Alves se enxerga e interage com o mundo.

---

10 Podemos aliás notar que os grandes escritores de cartas do século – Stendhal, Sand, Flaubert – são todos escritores que em determinados momentos de sua carreira e por motivos diversos, quiseram viver à margem do espaço literário, em desvios, até mesmo em discordância de seus padrões, seus cânones, seus hábitos. E esta palavra margens é, na correspondência, espaço limítrofe ao mesmo tempo dentro e fora da literatura – que ela pôde se produzir (BRIGITTE DIAZ, 2002, p. 48, tradução nossa)

"NACIONAL POR CRIATIVIDADE"

Durante o processo investigativo, desenvolvido com base no estudo da obra de Castro Alves, surgiram demandas que reclamaram trato mais detalhado. Entre essas, podemos listar: Castro Alves teria, como defendido por alguns intelectuais, mantido uma posição "servil" diante do referente estrangeiro, ou, de modo contrário, teria confiado nova roupagem ao mesmo, conferindo-lhe um novo sentido? De que forma o dado francês se apresenta em cada um dos textos? Existe um trabalho de recontextualização? Dada a preponderância do escritor de *Les Misérables*, existem diferenças ou semelhanças na forma como este e os demais autores aparecem na obra castroalvina?

Com o intuito de responder tais questionamentos, tomemos uma afirmação de Bakhtin como pressuposto: "(...) toda a essência da apreensão apreciativa da enunciação de outrem, tudo o que pode ser ideologicamente significativo tem sua expressão no discurso interior" (2010, p. 153). Dito de outra maneira, o enunciado alheio passa por processos de reelaboração e de recontextualização, interferindo diretamente na bagagem cultural e na formação pessoal de quem o mobiliza. Em outras palavras, a preponderância da presença francesa nos escritos de Castro Alves reclamava uma análise textual sistemática, que evidenciasse a natureza da mesma. O presente estudo configurou-se, portanto, como uma resposta a essa necessidade.

Discorrer sobre Castro Alves, apesar de sua tão efêmera existência, não se converte em exercício simples. Morto com apenas 24 anos, deixando tão somente um livro publicado, o diálogo que estabelecia com a literatura existente é dado constante em sua obra. Em vista disso, é imperativo tecer algumas considerações a respeito de seu projeto artístico pessoal dentro do desígnio do plano nacional. Nele, o nacionalismo achou sua expressão incidentalmente no neoclassicismo, ou seja, mesmo utilizando o folclore como tema, seus escritos estavam atrelados à tradição literária existente. Daí a evocação às imagens e aos cenários bucólicos, ao *carpe diem* e à valorização do passado, presentes em alguns momentos em sua obra, o que se explica pela inevitável relação com a metrópole e com a força da tradição clássica, no século XIX. Isto porque, apesar "do antilusitanismo político, que ainda marcou a fase imediatamente ulterior à Independência, continuamos presos a Portugal pelo umbigo literário" (GUILERMINO CESAR, 1978, p. LIV). Dito de outra maneira, tendo em vista que a primeira fase do romantismo português ainda apresentava resquícios neoclássicos, esse recurso castroalvino pode comprovar, diante de um estudo especifico, que a relação lusobrasileira mantinha-se, ainda que a proeminência francesa seja incontestável.

O Romantismo, no Brasil, iniciou o questionamento a respeito de nossa identidade. Assim, a criação artística procurou esboçar aspectos considerados como pertencentes à ordem nacional, vinculando-os diretamente às questões sociais, históricas e, sobretudo, literárias. Sob essa égide, Castro Alves entabulou o debate,[1] principalmente por meio de sua poesia social, marca-

---

1 A voz de Castro Alves repercutiu tanto mais poderosamente quanto respondia ao sentimento nacional de um povo idealista e compassivo,

damente antiescravocrata. Cumpre mencionar, entretanto, que, enquanto vários intelectuais tomavam o índio como símbolo local, atribuindo-lhe aspectos não condizentes com sua realidade, o escritor de *Os escravos* escolheu o negro, enveredando por um processo de denúncia contra os maus-tratos por ele sofridos. A esse respeito, afirma Dante Moreira Leite:

> Com Castro Alves, o nacionalismo romântico, encontra, provavelmente, a sua expressão mais autêntica e mais completa. Algumas de suas poesias mais belas adquirem dimensão e profundidade exatamente porque contrastam com a situação presente com os símbolos estabelecidos pelos poetas anteriores (LEITE, 1979, p. 47).[2]

Não é apenas nesse aspecto, entretanto, que nosso poeta se mostra peculiar. Na verdade, nas demais produções, sob as mais diversas formas, o traço brasileiro é desenhado, tendo em vista que no período "ser original é ser nacional; esse critério diferencia uma nação da outra, individualiza-a num conjunto maior" (MOREIRA, 1991, p. 35).

Dizer que sua produção socio-abolicionista carrega características do projeto de formação de uma concepção de pátria

---

sacudido, no acesso das lutas políticas por um ideal simples e acessível e orientado, por índole e por tradição no sentido dos princípios liberais. AZEVEDO, Fernando. "A poesia social no Brasil". In: *Ensaios*. São Paulo: Melhoramentos, 1929. p. .

2 *O amor romântico e outros temas*. São Paulo: Universidade de São Paulo, 1979, p. 47. A afirmação refere-se ao fato de Castro Alves versar sobre os direitos do negro dentro de um universo escravocrata. Ademais tê-lo escolhido como símbolo quando, em geral, era o índio o selecionado para o pleito de simbolizar a nação.

não é um fato novo. No entanto, nosso estudo delineou os mesmos procedimentos também em sua lírica amorosa e nos demais temas. Em outras palavras, a obra alvesiana, como um todo, explicita elementos que, de forma direta ou indireta, demonstram a singularidade de seu projeto artístico: o de formar, via literatura, uma identidade nacional baseada na verdadeira realidade brasileira, daí a justificativa para as recontextualizações dos referentes emprestados.

Nosso poeta, desse modo, compreendeu bem a ideia do diálogo entre culturas e textos. A seleção e a transformação dos mesmos em sua obra deixa patente a peculiaridade com a qual desenvolveu o trabalho com esses referentes.

Assim sendo, a concepção de nacional é, em Castro Alves, associada ao realismo local, daí a necessidade de expor o quadro da escravidão, assim como desenhar imagens harmônicas com o Brasil descrito, sem, contudo, deixar de dialogar com o legado literário existente ou camuflar aspectos singulares de nossa cultura com o verniz da civilização.

Em *Literatura e Identidade Nacional,* Zilá Bernd discorre a respeito da problemática da compreensão do eu. "A consciência de si toma sua forma na tensão entre o olhar sobre si próprio- visão do espelho, incompleta – e o olhar do outro ou do outro em si mesmo-visão complementar" (p. 15). Dessa maneira, dada a condição histórica de colônia de Portugal, o outro selecionado foi a Europa, particularmente a nação francesa, em decorrência dos resquícios da Revolução, dos ideais libertários e da força de sua literatura.

Partimos, então, do pressuposto segundo o qual "Os textos literários ensinam muito sobre identidade, alteridade, nação, cultura etc. Sobre cultura ensinam que não existem culturas estanques, que cultura supõe sempre processos de contato (...)" (PERRONE-MOISÉS, 2007, p. 13). Nesse sentido, examinamos os escritos de Castro Alves, partindo da noção de que integram um processo que culminou, no século XIX, no nacionalismo romântico como formador de uma identidade nacional. Assim, a obra alvesiana pode esclarecer que, não obstante os empréstimos efetivados, ser nacional significava, de fato, retrabalhar os referentes. Em outros termos, a originalidade não repousa obrigatoriamente na possibilidade de ser inédito, mas nas aclimatações em favor de um novo contexto e, no nosso caso, na existência de brasileirismo. Sobre esse aspecto, já havia refletido, conforme já citado anteriormente, o nosso poeta em "Impressões da Leitura das poesias do Sr. A. A. Mendonça":

> Já lá vai muito de desvio do meu ponto principal: mas isso o disse na passagem para poder melhor lançar uma censura a dois erros que em geral lavram em nossa literatura.
> Um – A falta de brasileirismo nas composições.
> Dir-se-á que os poetas do Brasil, enquanto Chateaubriand vem pedir aos panoramas da América a inspiração para os seus *Natchez* e às sombras destas selvas seculares escreve páginas olorosas de *René Atala*, dir-se-á, digo que nossos poetas não acham em tudo isso, que nos cerca, um canto de poesia (ALVES, 1997, p. 673).

São inúmeros os exemplos do trabalho de readaptação do referente francês. Em "Murmúrios da Tarde", por exemplo, o efeito acústico principiado pela sugestão mussetiana acompanha a composição brasileira. Porém, a natureza no texto francês esboça o estado de alma melancólico do eu lírico e em Castro Alves, ao contrário, serve para justificar a visão hedonista da vida. Não obstante o empréstimo, a concepção particular do nosso poeta prevalece.

Buscando conferir ares de brasilidade, o poeta mobiliza as referências culturais estrangeiras, mas as envolve com cores locais, sem que se fale, contudo, em nacionalismo estereotipado. Nessa perspectiva, em "A volta da Primavera" a "fleur" mussetiana, por exemplo, transforma-se em vale, matagal, veiga, junco, selva e, ao final, sintetiza-se em "natureza apaixonada". É a prevalência desses procedimentos que definem a singularidade alvesiana. Vê-se claramente no cotejo entre "Adormecida" e "Rolla" o descompasso esboçado. No texto brasileiro, há a consonância entre o espiritual e o erótico, o que não ocorre em Musset. Os dilemas existentes no texto francês estão muito distantes do brasileiro e, assim sendo, a fonte se dirige em outra direção. Essa particularidade alvesiana não apenas definia sua prática artística, mas justificava a maneira ideal de construir o brasileirismo, mesmo que este estivesse atrelado ao arsenal cultural francês.

Um bom exemplo do ajustamento do referente estrangeiro está no uso da paródia, em "Uma página de escola realista". De acordo com as palavras de Linda Hutcheon,

> Está implícita na paródia uma distanciação crítica entre o texto em fundo a ser parodiado e a nova obra que incorpora, distância geralmente assinalada pela ironia. Mas esta ironia tanto pode ser apenas bem humorada, como pode ser depreciativa, tanto pode ser criticamente construtiva, como pode ser destrutiva. O prazer da ironia da paródia não provém do humor em particular, mas do grau de empenhamento do leitor no vaivém intertextual (1985, p. 48)

A crítica alvesiana se dirige aos estereótipos e às formas mais marcadas do movimento literário em que estava inserido. O aproveitamento da epígrafe de "Dalila" e dos versos de "Rolla" pode ser visto como uma denúncia do esgotamento, já evidente àquela época, de certos elementos da estética romântica, tais como a morte amorosa, a fidelidade da mulher amada e a tragicidade da separação final. Há uma interprenetração cultural por meio da qual se propõe uma reflexão e, consequentemente, uma reescritura.

O que aqui se coloca em relevo é o fato de que o procedimento operado por Castro Alves reclamava a inserção, nas obras de arte, de referentes de nossa tradição histórica.

Em "A Maciel Pinheiro", o *pèlerin* de Bouchard é, na verdade, Maciel Pinheiro. Nessa perspectiva, para partir em defesa da especificidade do nosso legado histórico, incorporando a cultura francesa, com a qual, aliás, o país possuía uma relação simbiótica, seria preciso pedir amparo aos signos presentes na cultura e na formação histórica brasileira, tais como a Guerra do Paraguai, Moema, os pampas e Maciel Pinheiro.

Prova cabal dessa projeção do Brasil é a comparação de Maria, em "Boa-Noite", às personagens francesas Marion de Lorme e Consuelo. Nossa Maria confere vida material às figuras literárias e, ao mesmo tempo, ganha existência literária. Vale lembrar que nosso poeta mistura negras, estrangeiras, prostitutas, ou seja, a presença francesa não apenas acentua esse mosaico de figuras femininas, mas insere a mulher brasileira em uma rede de discussão acerca de seu papel, num momento em que, vale lembrar, a sociedade era totalmente patriarcal.

Essa assídua presença francesa na obra do poeta dos escravos rendeu-lhe a alcunha de plagiador. Em "Polêmica", Castro

Alves se defende da acusação proferida publicamente por Tobias Barreto. Trata-se do texto mais expressivo no que diz respeito ao diálogo com a cultura francesa. Nele, os referentes são retrabalhados de modo a compor sua argumentação, além de desnudar, de forma pragmática e sistemática, a maneira ideal de aproveitar o texto alheio.

Mesmo em documentos pessoais, a predileção pela nação de Victor Hugo é estampada. Na "Carta às Senhoras baianas", bem como nas demais missivas analisadas, a cultura gálica vincula-se ao texto, ora para compor uma imagem, ora para servir de exemplo. Enfim, em nenhum dos casos há imitação passiva. Porém, em todos eles podese observar que a essa presença estava intrinsecamente ligada à maneira castroalvina de enxergar o mundo.

Castro Alves apresentou, portanto, o dialogismo como uma energia capaz de guiar o ritmo da literatura brasileira. Todavia, representava em seus escritos as tradições culturais que se inscreviam no cerne de sua formação. Nessa perspectiva, espelhar-se na França fez parte de um projeto maior de construção da própria identidade nacional. São inúmeras as alusões e citações francesas. Os nomes mais importantes são o de Victor Hugo, seguido de Musset, Lamartine e todos os demais.[3] A presença hugoana é, como se sabe, a mais assídua e é, sem exagero, substrato da obra alvesiana. Os demais nomes são retrabalhados e recontextualizados do mesmo modo, mas não apresentam o mesmo grau de importância. Victor Hugo é, em Castro Alves, muito mais que sinônimo de França. Embora os demais nomes apresentados integrem, em seu conjunto, a nação que serviu de

3 Conferir tabela página 27.

exemplo ao nosso poeta, o escritor de *Les Misérables* foi um modelo de ser humano, de político e, sobretudo, de artista.

Por essa razão, tomamos a presença francesa como formadora de atributos positivos que enfeixam os aspectos essenciais do projeto castroalvino. Sob esse prisma, nossa produção, muito além de ser vista como apêndice da europeia, deveria ser compreendida em seus traços particulares. Tomemos o nacional como o fez Castro Alves, desvinculando-se da passividade em relação às demais culturas, para se unir diretamente ao conjunto de recontextualização dos referentes, portanto, à possibilidade de ser criativo.

AGRADECIMENTOS

Nas entrelinhas de um trabalho acadêmico escondem-se uma série de fatores, lembranças, momentos e pessoas que atribuíram sentido a um simples projeto inicial, dando-lhe contorno e forma. No caso desta pesquisa, cumpre afirmar que sem a contribuição desses elementos os resultados apresentados jamais poderiam ter sido alcançados. Assim, nas linhas que seguem registrarei meus sinceros agradecimentos aos guias que me ajudaram a trilhar este percurso.

Não poderia deixar de agradecer a querida professora Daniela Mantarro Callipo, iniciadora de minha pesquisa desde a iniciação cientifica até a preparação para o mestrado. Responsável por minha paixão pela língua francesa, de maneira paciente e competente auxiliou-me nos meandros da análise crítica. Por esta razão, o presente estudo carrega valorosos vestígios da sua orientação.

Retribuindo o que foi fruto de uma orientação atenciosa, responsável e competente, gostaria que essas palavras encontrassem sentido apenas em demonstrar que sem as veredas abertas pelo professor Gilberto Pinheiro Passos não haveria possibilidade de vislumbrar o final desta pesquisa. Suas considerações foram, para além das orientações, ensinamentos para a vida. Merci beaucoup por me ensinar a "cultivar rosas". Sou imensamente grata às contribuições e considerações dos professores João Roberto Faria, Maria Cecília de Queiroz Moraes Pinto, Glória Carneiro do Amaral, Ana Luiza Reis Bedê, Ana Luiza Ramazina Ghirardi, Maria Lúcia Dias Mendes os quais contribuíram de forma decisiva para a finalização deste trabalho. Não poderia jamais deixar de mencionar aqui os nomes de meus amigos Regiane, Angélica, Camila, Mácia, Elaine, Joice Alves, Maria Elvira, Dirceu Magri, Aline Scavazini. Por meio de leituras descontraídas, críticas e diálogos contribuíram não apenas para a feitura desta pesquisa, mas, de forma muito especial, para o meu entendimento de que não existem barreiras o suficiente que possam dissipar o verdadeiro sentido da amizade. Agradeço as fugas e os momentos de distração propiciados por meus eternos amigos Cirlene, Andreson, Leila e Everton. Não obstante a distância entre nós, que, de uma forma ou de outra, sempre se fez presente ao longo do meu percurso acadêmico, estiveram ao meu lado.

Agradeço a minha família, em especial a minha amada mãe, Maria, *in memorian*, que sempre me fez pensar ser mais forte do que eu parecia ser. Ao meu pai, Pedro, que enfeixa para mim a imagem afetuosa e terna de um grande e verdadeiro pai. Às minhas irmãs, Aldení, Elsa e Kaline e aos meus cunhados, Silvio, Jeferson e Raphael, agradeço por partilhar comigo todos os momentos de minha vida. São exemplos de determinação e força. Aos meus irmãos Arnaldo, Edimilson e Aldeci e suas famílias agradeço o exemplo de resiliência e de respeito, não esquecendo, é claro, nossos pedacinhos, meus sobrinhos e sobrinhas Matheus, Pedro, Kaique, Vinícius, Sofia, Henrique, Manuela e Bernardo. A minha segunda família Dona Ciça, Alesson, Alcione e Sandoval agradeço o carinho, o amor e o acolhimento em tantas ocasiões.

Agradeço ao financiamento concedido pela Capes, sem o qual não seria possível a concretização da presente obra. Assim como à editora Alameda pela oportunidade de materializar em forma de livro esses anos de pesquisa.

Finalmente, de modo muito especial, não apenas agradeço, mas dedico a você, Alex, meu primeiro e único amor, meu melhor amigo, companheiro de todas as horas, dos tempos do ensino fundamental, médio e faculdade. Somos a materialização do aforismo de Mário Quintana: "O amor é quando a gente mora um no outro". Você que sempre demonstrou interesse real na minha vida, que discutiu, refutou, criticou e elogiou meus pontos de vista, atribui um valor especial ao meu acordar. Por tudo isso, não conseguiria expressar com palavras a minha gratidão, admiração e amor "Porque quem ama nunca sabe o que ama. Nem sabe porque ama, nem o que é amar. Amar é a eterna inocência, e a única inocência não pensar..." (Fernando Pessoa).

BIBLIOGRAFIA

ABREU, Márcia. "Conectados pela ficção: circulação e leitura de romances entre a Europa e oBrasil. *O Eixo e a roda*, v. 22, n. 1, 2013.

ALENCAR. J. *Carta a machado de Assis*. Rio de Janeiro: Correio mercantil, 18 de fevereiro de 1868.

______. *Cinco minutos*. Rio de Janeiro: *Correio Mercantil*, 1860.

ALMEIDA, Norlandio Meirelles de. *Cronologia de Castro Alves*. São Paulo: Editora Pedro II, 1960.

ALVES, Castro. *Obra completa*. Texto organizado por Eugênio Gomes. Rio de Janeiro: Nova Aguilar, 1997.

AMADO, Jorge. *ABC de Castro Alves*. Rio de Janeiro: Record, 1987.

AMORA, Antônio Soares. *O Romantismo* (1833-1838/1878-1881). São Paulo: Cultrix, 1973. 4 ed.

AMBRIÈRE, Madelaine. Org. *Précis de Littérature du XIX siècle*. Paris: Puf, 1990.

ANDRADE, Mário. "Castro Alves". In: *Aspectos da literatura brasileira*. São Paulo: Martins, 1972.

AZEVEDO, Célia Maria Marinho de. *Onda negra, medo branco: o negro no imaginário das elites, século XIX*. Rio de Janeiro: Paz e Terra, 1987.

AZEVEDO, Fernando. "A poesia social no Brasil". In: *Ensaios*. São Paulo: Melhoramentos, 1929

BARBOZA, Onédia Célia de Carvalho. *Byron no Brasil: traduções*. São Paulo: Ática, 1975.

BARTHES, R. *Aula*. São Paulo: Editora Cultrix, 1978.

BAKHTIN, M. *Marxismo e Filosofia da Linguagem*. 14.ª ed. São Paulo: Hucitec, 2010.

BARRETO, C. C. *Castro Alves como Don Juan: a construção da lírica amorosa*. 2004, disponível em: <http://www.cintiabarreto.com.br/artigos/castroalvesliricaamorosa.shtml>. Acesso em: 19 de janeiro, 2015.

BÉNICHOU, Paul. *Romantismes français*, 2. vols, Paris: Gallimard/ Quarto, 2004

BERND, Zilá. *Literatura e identidade nacional*. Porto Alegre: UFRGS, 1992.

CALMON, Pedro. *História Social do Brasil*. 3 ed, 3 v., São Paulo: Cia Editora Nacional, sd.

______. *Vida e Amores de Castro Alves*. Rio de Janeiro: *A Noite*, 1935.

CANDIDO, Antonio. "Notas de Crítica Literária: sobre poesia". In. *Textos de Intervenção: Seleção,* apresentação e notas de Francisco Dantas. (Col. Espírito Crítico). São Paulo: Duas Cidades Editora 34, 1944.

______. *Literatura e Sociedade*. 1ª Ed. São Paulo: Companhia Editora Nacional, 1965.

______. *Vários Escritos*. Livraria Duas Cidades, São Paulo, 1977.

______. *O estudo analítico do poema*. São Paulo: Humanitas, 1986.

______. *Formação da literatura brasileira*, 8 ed., V1 Rio de Janeiro: Itatiaia, 1997 a.

______. *Formação da literatura brasileira*, 8 ed., V2 Rio de Janeiro: Itatiaia, 1997 b.

______. "Literatura Comparada". In: *Recortes*. São Paulo: Cia das Letras, 1993. p.211-5.

CARVALHAL, Tânia Franco. *Literatura comparada*. São Paulo: Ática, 1998.

______. *O próprio e o alheio: ensaios de literatura comparada*. São Leopoldo, RS: Ed. Da UNISINOS, 2003.

CHATEAUBRIAND, François-René (de). *Atala, René, Les Natchez*. Paris: Librairie Générale Française, 1989.

CHIANCA, Karina. *L'amour en* échec. *Lyrisme et mélancolie chez Guillaume Apollinaire et Vinicius de Moraes*. João Pessoa: ideia, 2007.

COMPAGNON, Antoine. *O trabalho da citação*. Tradução de Cleonice P. B. Mourão. Belo Horizonte: Ed. da UFMG, 1996.

CORREIA, Amélia Maria. "Castro Alves, leitor de Victor Hugo. Da luta socialao Antiesclavagismo. " *Revista Limite*, nº8, pp. 267-288, 2014.

CUNHA, Fausto. *O Romantismo no Brasil*. Rio de Janeiro: Paz e Terra, 1971.

DERRIDA, Jacques. *Torres de Babel*. Tradução de Junia Barreto. Belo Horizonte: UFMG, 2002.

D'ASSIER, Adolphe. *Le Brésil contemporain*. Paris: Durant et Lauriel, 1867.

DIAZ, Brigitte. *L'epistolaire ou la pensée nomade et fonctions de la correspondance dans quelques parcours* d'écrivains *au XIX siècle*. Paris: PUF, 2002.

DUMAS, Alexandre. *Le Compte de Monte-Cristo*. Paris : C. Levy, 1889.

FALEIROS, Alvaro. “Em busca do Castro Alves tradutor”. In: *Literatura traduzida e literatura nacional*. Rio de Janeiro: 7Letras, 2018.

FARIA, João Roberto. *O teatro na estante*. São Paulo: Plínio Martins, 1998.

FARIA, Maria Alice de Oliveira. *Itinerário mussetiano na poesia de Castro Alves*. Revue Alfa Marília, n 17, 1971.

FERNANDES, Marcos Vicnicius. *As noites mussetianas na lírica castroalvina*. Dissertação de mestrado- Universidade Federal do Rio Grande do Norte, Natal, 2012.

FREYRE, Gilberto. *Um engenheiro francês no Brasil*. São Paulo: Jose Olímpio, 1940.

______. *Ingleses no Brasil*. São Paulo: Jose Olímpio, 1948.

FRIERO, Eduardo. *O diabo na livraria do Cônego*. Belo Horizonte: Livraria cultura brasileira, s/d.

FOUCAULT, Michel.*O Que é Um Autor*.2ª ed. Lisboa: Vega Editora, 1992.

GARRET, Almeida. *Camões*. Biblioteca digital: coleção de clássicos da literatura portuguesa. Ed Porto. Disponível em: <http://www.portoeditora.pt/assets/classicos/camoes/index.html>. Acesso em Ago. de 2012.

GAUTIER, Théophile. *Poésies complètes*. Paris: G. Charpentier éditeurs, 1889.

GENETTE, Gerard. *Palimpsestes: la littérature au second degré*. Paris: Seuil, 1982.

GIGNOUX, Anne Claire. *Initiation à l'intertextualité.* Paris: Ellipses, 2005.

GOMES, Eugênio. "Apresentação". In: *Castro Alves poesia.* Rio de Janeiro: Agir, 1960.

GUILERMINO CESAR. *Historiadores e críticos do Romantismo.* São Paulo: EDUSP, 1978.

GRIECO, Agripino. *Evolução da Poesia brasileira.* Rio de Janeiro: Ariel Editora, 1932.

GUINSBURG, J. (org). *O classicismo.* São Paulo: Editora Perspectiva, 1999.

HADDAD, Jamil Almansur. *Revisão de Castro Alves.* São Paulo: Saraiva, 1953. 3v.

HOBSBAWM, Eric. J. *A era das revoluções: Europa 1789-1848.* Rio de Janeiro: Paz e Terra, 1981. 3 ed.

HUTCHEON, Linda. *Uma teoria da paródia.* Rio de Janeiro: Edições 70, 1985.

HUGO, Victor. *Oeuvres Poétiques.* Paris: Gallimard, 1964

______. Œuvres *complètes,* t. III. Paris: Club Français du Livre, 1967.

______. *Les Contemplations.* Paris: Hachette, 1922.

JENNY, Laurent. "La stratégie de la forme". In: *Poétique.* Paris: Seuil, 1976.

KRISTEVA, Julia. *Introdução à semanálise.* São Paulo: Perspectiva, 1974.

LAGES, Rita Cristina Lima. "A língua francesa em Minas Gerais no século XIX: práticas culturais e escolares". *Calesdoscópio,* Volume 3 / n. 4 / jan./jun. 2015.

LAMARTINE, Aphonse de. *Recuillements poétiques*. Paris: Garnier, 1954.

LEITE, Dante Moreira. *O amor romântico e outros temas*. São Paulo: Edusp, 1979.

MATOS, Edilene. *Imagens fragmentadas de um mito*. São Paulo: EDUC, 2001.

MAINGUENEAU, D. *Gênese dos discursos*. Trad. Sírio Possenti. Curitiba: Criar Edições: 2005. Primeira Edição: 1984.

MERLEAU-PONTY. *Fenomenologia da percepção*. São Paulo: Martins Fontes, 1996.

MOISÉS, Massaud. *História da literatura brasileira: das origens ao Romantismo*. Vol.I. São Paulo: Cultrix, 2001, p. 519

MORAES-PINTO, Maria Cecília de. "Victor Hugo e a poesia brasileira". In: *Lettres Françaises*. N. 5, 2003.

MOREIRA, Maria Eunice. *Nacionalismo literário e crítica romântica*. Porto Alegre: IEL, 1991,

MUSSET, Alfred de. *Poésies complètes*. Paris: Gallimard, 1957.

NITRINI, Sandra. *Literatura comparada: História, teoria e crítica*. São Paulo: USP, 2006.

NUNES, Mário. *40 anos de teatro*. Rio de Janeiro: Departamento de Imprensa Nacional, 1956.

PACHECO, João. *A literatura brasileira: O Realismo (1870-1900)*. Editora Culrrix, 1968.

PAMBOUKIAN, Mateus Roman. "Bug-Jargal: hipertextualidade e transposição de gênero no romantismo brasileiro". Dissertação de mestrado. Universidade de São Paulo, São Paulo, 2019.

PELLETAN, Eugène. *Adresse au roi conton*. Disponível em :<https://books.google.com.br/books?id=Z_sxAQAAMAAJ&pg=PP1&lpg=PP1&dq=adresse+au+roi+coton+pelletan&source=bl&ots=90qIBxQLP6&sig=NmMaxrdokp_04p504iQpzGjxlyo&hl=pt-BR&sa=X&ei=rFNGVcPNO8bisASR00C4DQ&ved=0CDIQ6AEwBA#v=onepage&q=adresse%20au%20roi%20coton%20pelletan&f=false> Acesso em 03 Mai.2015.

PASSOS, Gilberto Pinheiro. *O Napoleão de Botafogo*. São Paulo: Annablume, 2000.

______. *Cintilações Francesas*: Revista da Sociedade Filomática, Machado de Assis e José de Alencar. São Paulo: Nankin, 2006.

PERRONE-MOISÉS, Leyla. *Vira e mexe nacionalismo: paradoxos do nacionalismo literário*. São Paulo: Companhia das Letras, 2007.

PEIXOTO, Afrânio. *Castro Alves: o poeta e o poema*. São Paulo: Companhia Editora Nacional, 1976.

PIZZARO, A. "El discurso Literario y la Noción de América Latina". In: *1 Seminário Latino-Americano de literatura comparada*. Porto Alegre, UFRGS, sd, vol 2.

PRADO, Décio de Almeida. *História concisa do teatro brasileiro*. São Paulo: Cia. das Letras, 1999, p. 60.

PRADO JR, Caio. *Formação do Brasil contemporâneo*. 3 ed. São Paulo: Brasiliense, 1948.

PRINA, Carlos. *Castro Alves, as mulheres e a música*. São Paulo: Matins, 1960.

RABAU, Sophie. *L'intertextualité*. Paris: Flammarion, 2002.

RIBEIRO NETO, Oliveira. *Castro Alves*. São Paulo: Martins, 1972.

ROMERO, Silvio. *História da Literatura brasileira*. Rio de Janeiro: J. Olympio, 1943.

RONCARI, Luiz. *Literatura Brasileira*. São Paulo: Edusp, 2002.

SALIBA, Elias Tomé. *As Utopias Românticas*. São Paulo: Estação Liberdade, 2003.

SAND, George. *Consuelo. La Comtesse de Rudolstad*. Paris: Robert Laffont, "Bouquins", 2004

SANTIAGO, Silviano. "Presença da língua e literatura francesa no Brasil (para uma história dos afetos culturais franco-brasileiros)" *Letras*, Santa Maria, v. 19, n. 2, p. 11–25, jul./dez. 2009.

SCHEEL, M. *Poética do Romantismo. Novalis e o fragmento literário*. São Paulo: Editora Unesp, 2010.

SCHLANGER, Judith. *La mémoire des euvres*. Paris: Nathan, 1992.

SCHNEIDER, Michel. *Ladrões de palavras: ensaio sobre o plágio, a psicanálise e o pensamento*. Campinas: Unicamp, 1990.

SCHWARCZ, Lília Moritz. *As Barbas do Imperador*. D. Pedro II, um monarca dos trópicos. São Paulo: Companhia das Letras, 1999.

SCHWARZ, Roberto. *Os pobres da literatura brasileira*. São Paulo: Brasiliense, 1983.

SOUSA, Cleonice F. de. *Projeções do Romantismo pelas asas de um condor: a presença hugoana em poemas da obra de Castro Alves*. Dissertação de Mestrado – Universidade de São

Paulo, Faculdade de Filosofia, Letras e Ciências Humanas, São Paulo, 2011.

SILVA, Alberto da Costa e. *Castro Alves*. Belo Horizonte: Claro Enigma, 2008.

TODOROV, Tzvetan. *Introduction à la littérature fantastique*. Paris: Seuil, 1970.

TROUCHE, André. *América: história e ficção*. Niterói, RJ: EDUFF, 2006.

TYNIANOV, Iuri. *Teoria da literatura*. Porto Alegre: Globo, 1971.

VIGNY, Alfred de. *Oeuvres complètes*. Paris: Gallimard, 1986.

VEIGA, Claudio. *Aproximações: Estudos de literatura comparada*. Salvador: Centro Editorial Didático da Universidade Federal da Bahia, 1979.

______. *Prosadores e poetas da Bahia*. Rio de Janeiro: Tempo Brasileiro, 1986.

VERRÍSSIMO, José. *História da literatura brasileira*. Rio de Janeiro: Topbooks, 1998.

VILLEMAIN, M. *Cours de Littérature Française*. Bruxelles: Meline, Cans et Compagnie, 1840

WOLF, Norbert; WALTHER, Ingo F. (ed). *Romantismo*. Editora Taschen, 2008.

Alameda nas redes sociais:

Site: www.alamedaeditorial.com.br
Facebook.com/alamedaeditorial/
Twitter.com/editoraalameda
Instagram.com/editora_alameda/

Esta obra foi impressa em São Paulo no verão de 2022. No texto foi utilizada a fonte Adobe Garamond Pro Regular em corpo 11 e entrelinha de 15,5 pontos.